D1688691

Die besten
Cocktails

Die besten
Cocktails

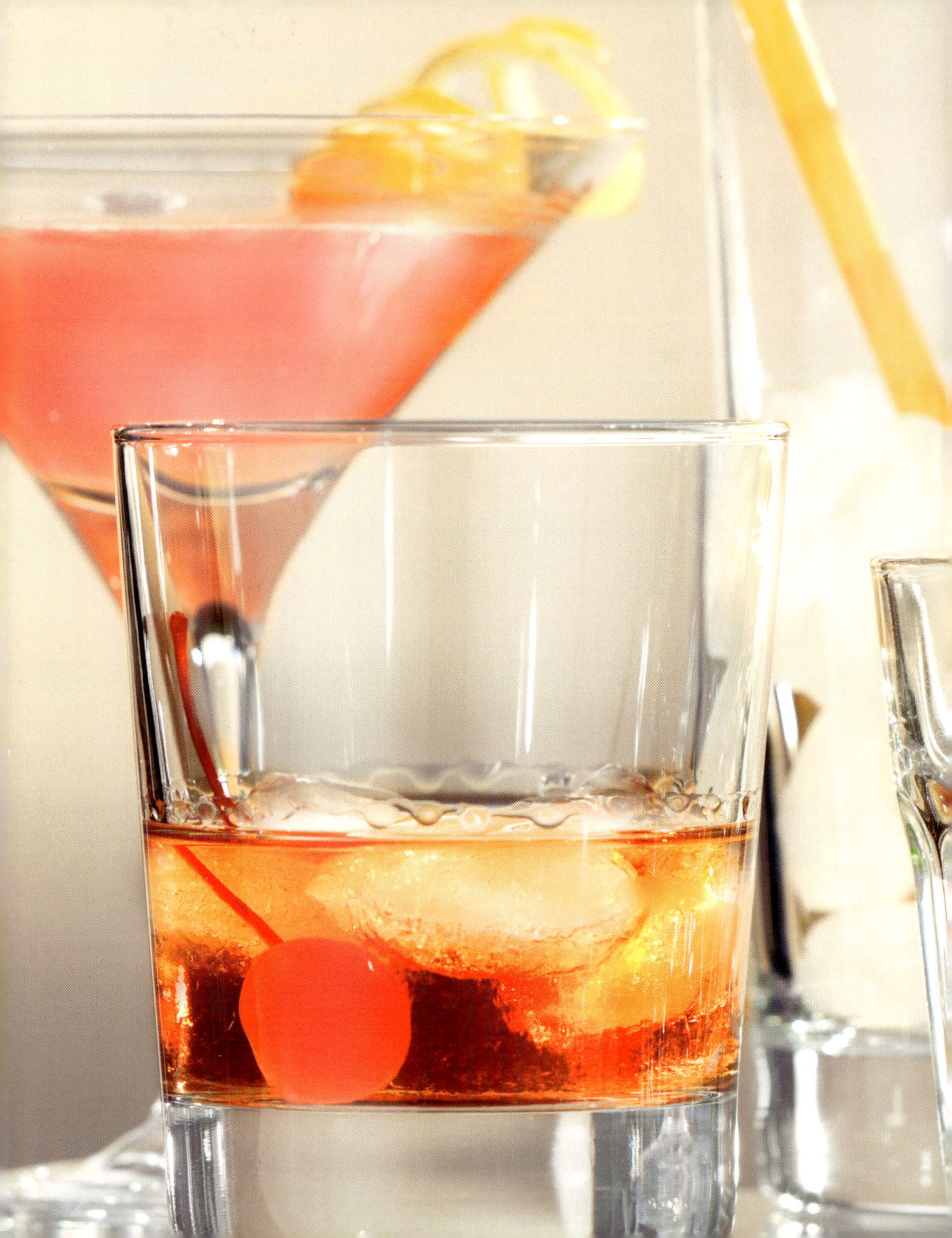

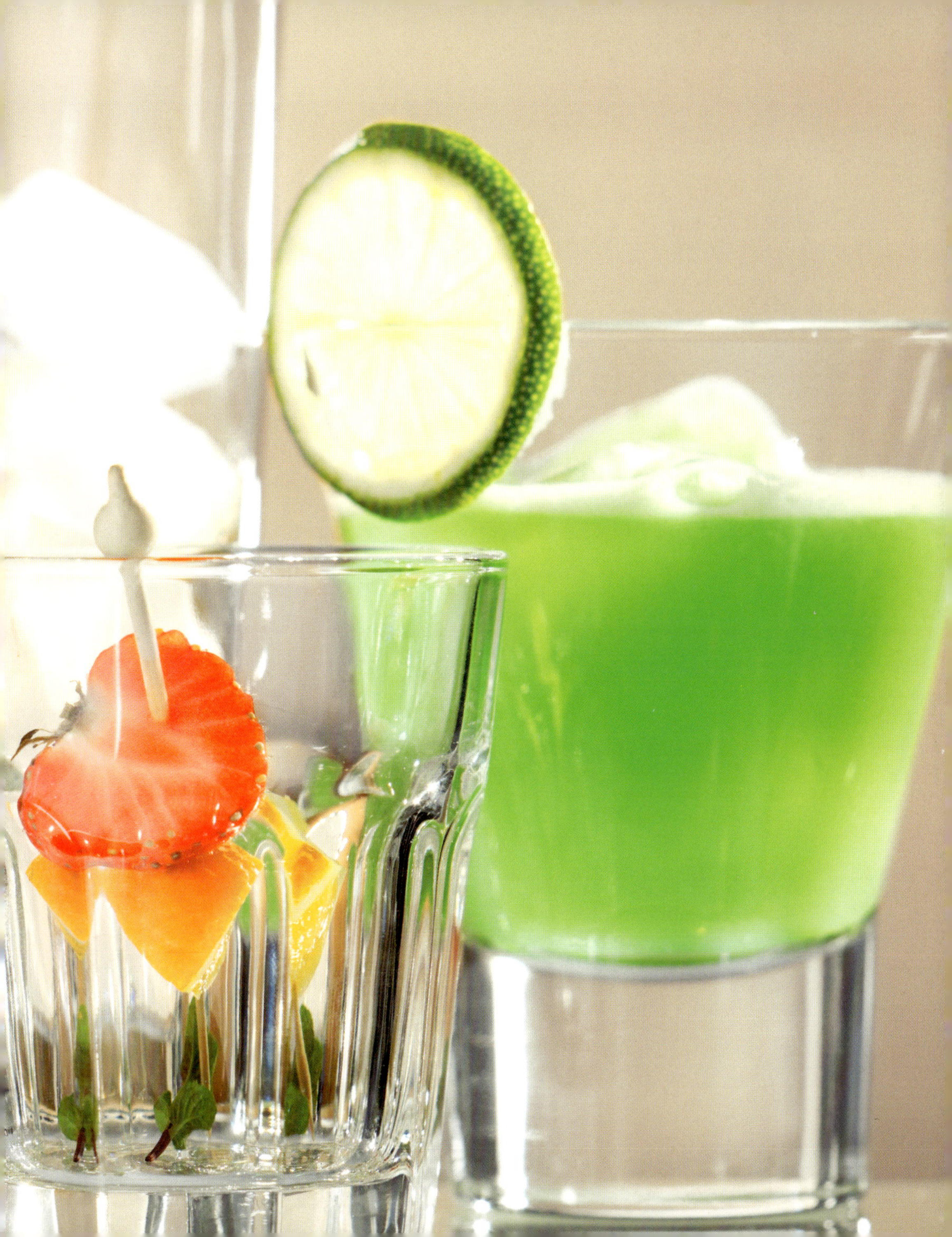

Inhalt

Einleitung	9
Alles für die Bar	11
Das richtige Glas	13
Alkoholische Zutaten	19
Spirituosen-ABC	24
Nichtalkoholische Zutaten	26
Verzierungen	30
Jeder Drink ein Genuss	37
Brandy, Cognac & Weinbrand	40
Gin	56

Rum	82
Whisky	110
Wodka	124
Likör, Campari & Vermouth	142
Calvados, Tequila & Co.	172
Sekt & Champagner	184
Bowle- & Punschrezepte	200
Hot Drinks	230
Drinks ohne Alkohol	242
Register	286

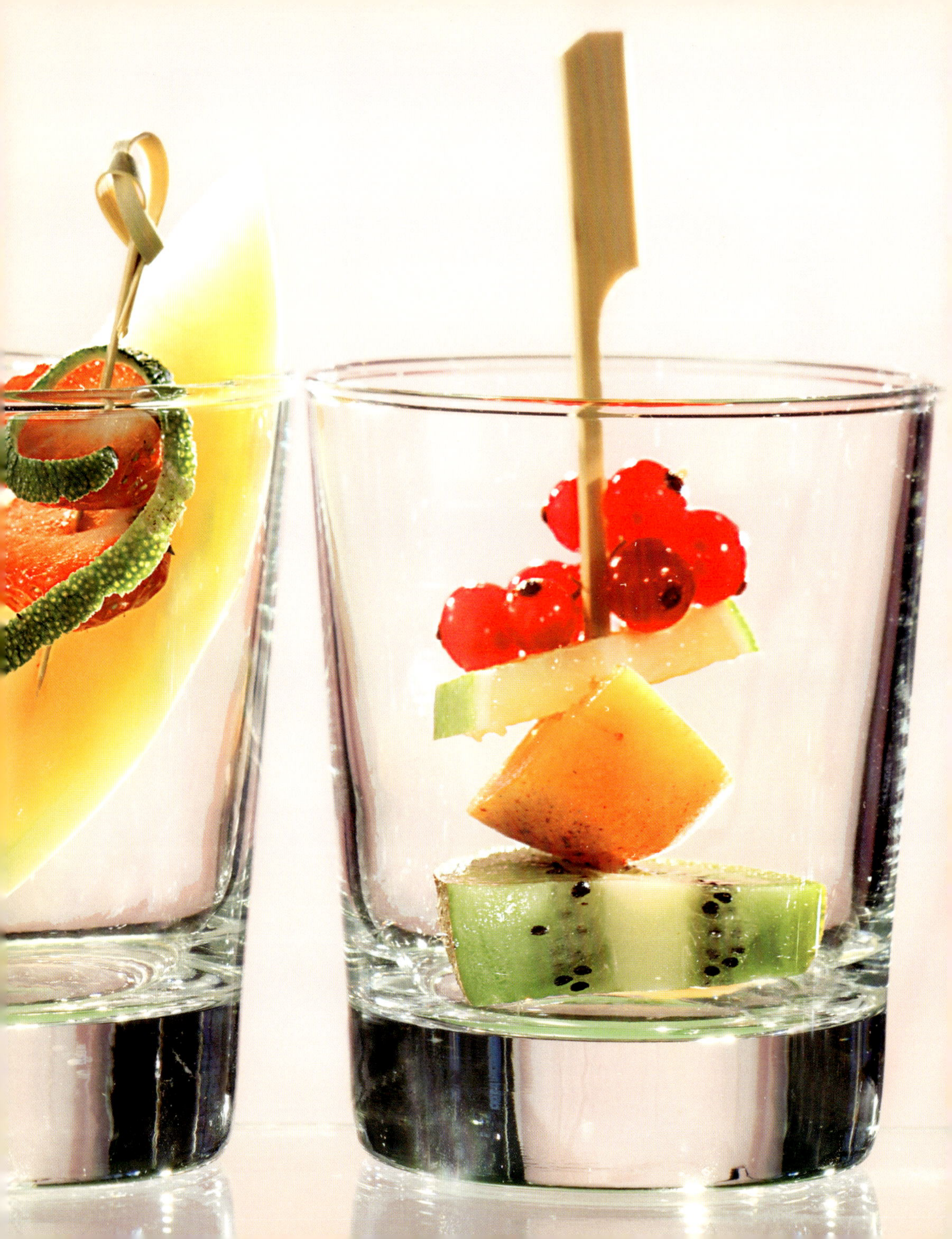

Einleitung

Nichts gegen ein Glas Champagner, ein gutes Glas Wein oder ein frisch gezapftes Bier – jeder wird es genießen, doch besonders einfallsreich ist es nicht. Und hier liegt der Reiz des Mixens: Mit jedem Cocktail und Longdrink können Sie Ihre Individualität und Ihre persönliche Kreativität unter Beweis stellen. Ob Sie ganz für sich allein oder in trauter Zweisamkeit die „Seele baumeln lassen", ein arbeitsreicher Tag ausklingt, Sie einige Freunde einladen oder in großer Runde feiern – mit Mixdrinks schaffen Sie das Flair, das Entspannung schafft und die Stimmung hebt.

Cocktails und Longdrinks vermitteln das Gefühl von Lebensfreude und Freizeit, laden mit ihren fantasievollen Namen ein zu einer Reise rund um die Welt. Lassen Sie sich inspirieren von den Rezepten – gemixt mit und ohne Promille, lieblich oder pikant, heiß oder kalt. Probieren und variieren Sie – je nach persönlichem Geschmack, nach Anlass, Stimmung, Tages- und Jahreszeit.

Um diesem Hobby zu frönen, brauchen Sie keinen Partykeller, keine exklusiv ausgestattete Hausbar und kein unüberschaubares Arsenal von Flaschen: Ein Servierwagen reicht völlig aus. Denn nicht auf die Ausstattung kommt es an, sondern auf die Zeit und die Gedanken, die Sie investieren.

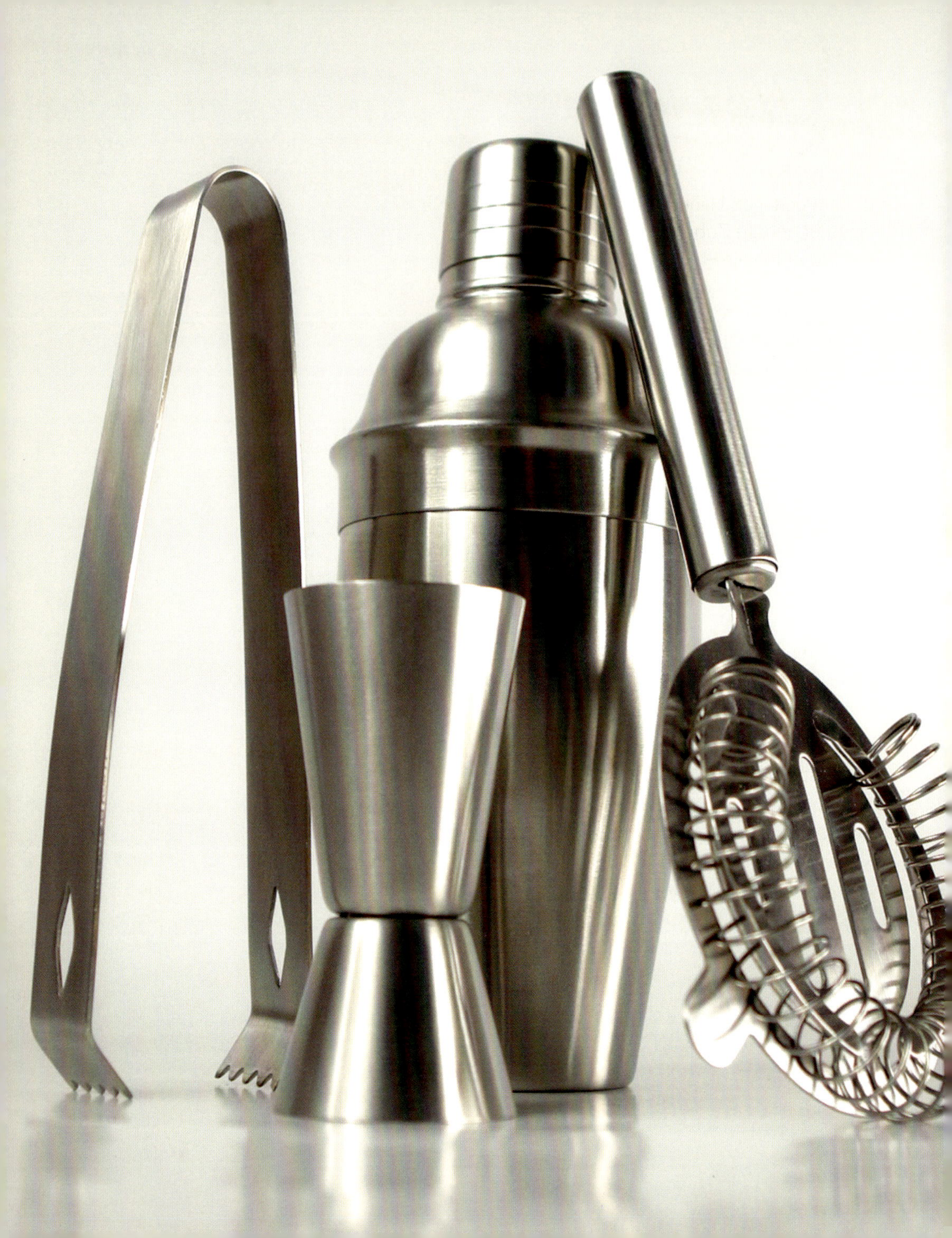

Alles für die Bar

Mit dem richtigen Handwerkszeug macht das Mixen noch mehr Spaß. Das eine oder andere Zubehör werden Sie sicherlich ohnehin besitzen, und auf einiges können Sie – zumindest am Anfang – auch verzichten.

1. Wein- und Sektflaschenkühler
Er erspart Ihnen den ständigen Griff in den Kühlschrank. Mit Eis gefüllt, hält der Kübel den Inhalt der angebrochenen Flaschen schön kalt.

2. Eisbehälter
Die meisten Drinks werden eiskalt serviert. Der Eisbehälter garantiert Ihnen, dass Ihr Eiswürfelvorrat nicht dahinschmilzt.

3. Eiszange
Mit der Eiszange haben Sie jeden Würfel fest im Griff.

4. Boston-Shaker
Er besteht aus einem größeren Metallbecher und einem etwas kleineren Rührglas.

5. Barlöffel
Spezielle Barlöffel erleichtern Ihnen durch die schmale, lange Form das Umrühren. Profis verwenden ihn häufig auch verkehrt herum.

6. Shaker
Ein Shaker gehört unbedingt zur Grundausstattung. Er sorgt dafür, dass alle Zutaten eines Drinks optimal durchgeschüttelt werden.

7. Messbecher
Wer sichergehen will, verlässt sich nicht auf sein Augenmaß. Die meisten Messbecher fassen auf der einen Seite 2 cl und auf der anderen Seite 4 cl.

8. Flaschenverschluss
Für Sekt- und Weinflaschen gibt es spezielle Verschlüsse in verschiedenen Variationen. Sie garantieren, dass die edlen Tropfen bis zur Neige nichts von ihrer Qualität einbüßen.

9. Flaschenöffner
Ein gut funktionierender Flaschenöffner muss immer zur Hand sein.

10. Barmesser
Kein Muss, aber sehr hilfreich ist ein Barmesser. Mit ihm lassen sich Früchte leichter schneiden, schälen und aufspießen als mit einem normalen Küchenmesser.

11. Barzange
Die Barzange ist ein sehr praktisches und vielseitiges Utensil, aber für den Hobby-Mixer durchaus entbehrlich.

12. Sektkorkenzange
Wer nur ab und zu eine Sektflasche öffnet, kommt auch ohne diese spezielle Zange aus.

13. Barsieb
Auf ein Barsieb, auch Strainer genannt, sollte man nicht verzichten. Durch die Spirale passt es sich jeder Shaker- oder Glasöffnung an und hält beim Eingießen das Eis zurück.

14. Flaschenöffner und -verschluss
Mit der einen Seite öffnet man die Flasche, und mit der anderen kann man sie direkt wieder verschließen.

15. Weinthermometer
Ein Weinthermometer zeigt genau an, welche Temperatur der Flascheninhalt – nicht nur Wein – haben sollte und tatsächlich hat.

16. Ausgießer
Flaschen mit Ausgießer erleichtern die Dosierung der kostbaren Spirituosen, da es bei Mixdrinks meist um nur ganz geringe Mengen geht.

17. Korkenzieher
Mit sogenannten Glocken- oder Hebelkorkenziehern lässt sich jeder Korken ohne Kraftakt sauber entfernen.

18. Kellnerkorkenzieher
Ein Gerät mit drei Funktionen: Korkenzieher, Flaschenöffner und kleines Messer.

19. Trinklöffel
Praktisch für Mixgetränke mit Eis oder Früchten: ein Löffel mit integriertem Strohhalm.

20. Cocktailpicker
Kleine Cocktailspieße gibt es aus vielen Materialien und in vielen Farben.

Das richtige Glas

Starre Regeln, in welchem Glas man welches Getränk serviert, gibt es bei Cocktails und Longdrinks nicht. Die Größe ergibt sich ohnehin meist schon durch das Volumen des Drinks. Dass man für Longdrinks größere Gläser verwendet, sagt schon der Name. Im Zweifelsfall ist es immer besser, sich für ein etwas größeres als für ein zu kleines Glas zu entscheiden. Man muss es ja nicht randvoll füllen. Schließlich soll das Servieren und Trinken nicht zum Balanceakt werden. Viel wichtiger als die Form ist die Optik des Glases. Es sollte nicht nur farb- und schnörkellos sein, damit der Drink so richtig zur Geltung kommt, sondern auch absolut sauber und fleckenfrei. Spülen Sie jedes Glas mit klarem, heißem Wasser nach und polieren Sie es mit einem fusselfreien Tuch. Und hier ein Überblick über die verschiedenen Gläser und wofür man sie verwenden kann:

Weingläser unterscheiden sich in Form und Größe je nach Art des Weines, für den sie bestimmt sind. Weißweingläser haben ein Fassungsvermögen von 10 bis 15 cl und sind vor allem für Cocktails ideal, die mit Crustarand serviert werden. Aber auch die etwas größeren Rotwein-, Bordeaux- und vor allem die ballonartigen Burgundergläser sind bestens für Cocktails geeignet. Im Sherryglas kommen Shortdrinks, deren Zutaten übereinander geschichtet sind, optisch gut zur Geltung.

Sektgläser gibt es als Kelche und Schalen. Ihr Fassungsvermögen liegt je nach Größe bei 10 bis 25 cl. In den kleineren Sektkelchen können Sie Sekt-Cocktails und Flips kredenzen, in den etwas größeren auch Cobblers, Sorbets, Frappés und die sogenannten „Fancy-Drinks". Am vielseitigsten verwendbar ist die Sektschale – ideal für alle Cocktails, die mit Sekt aufgefüllt werden.

| Rotweinglas | Weißweinglas | Dessertweinglas | Sherryglas |

Bordeauxglas   Rosé- und Weißherbstglas   Burgunderglas

Champagnerglas   Sektkelch   Sektschale

Das richtige Glas

Longdrinkgläser haben ein Fassungsvermögen von 20 bis 25 cl. In ihnen können Sie alle Drinks kredenzen, die mit Soda-, Tonic- und Mineralwasser oder mit Fruchtsäften aufgefüllt bzw. mit viel Eis serviert werden. Ideal auch für alle Milchmixgetränke.

Whiskygläser, auch Tumbler oder – seltener – Old Fashioned genannt, sind keineswegs dem Whisky vorbehalten. Mit ihrem Fassungsvermögen von 5 bis 25 cl sind sie für Old Fashioned, Fizzes, Sours, Highballs, kalte Punsche und auch für Longdrinks geeignet.

Mineralwassergläser und **Pilstulpen** können Sie ebenfalls für Longdrinks mit und ohne Alkohol verwenden.

Schnapsgläser sind nützlich, wenn Sie kein spezielles Messglas besitzen. Der Inhalt eines Schnapsglases entspricht 2 bis 2,5 cl.

Mineralwasserglas   Pilstulpe   Whiskyglas   Schnapsglas   Longdrinkglas

Das richtige Glas

Martiniglas　　Cocktailschale　　Likörschale　　Likörkelch　　Cognacschwenker

Martinigläser bzw. **Vermouthgläser** haben einen langen Stiel und eine weite Öffnung. In ihnen werden speziell Aperitifs wie der Martini Dry und der Gibson serviert.

Cocktailschalen gibt es in verschiedenen Größen mit einem Fassungsvermögen von 5 bis 10 cl. In ihnen können Sie alle Cocktails servieren. Kleinere Cocktailschalen sind ideal für alle Drinks mit Crustarand.

Likörgläser gibt es in Schalen- und Kelchform. Sie sind mit geringem Fassungsvermögen (5 cl) kaum für Mixdrinks geeignet, aber wie die Schnapsgläser nützlich als Messglas.

Das richtige Glas

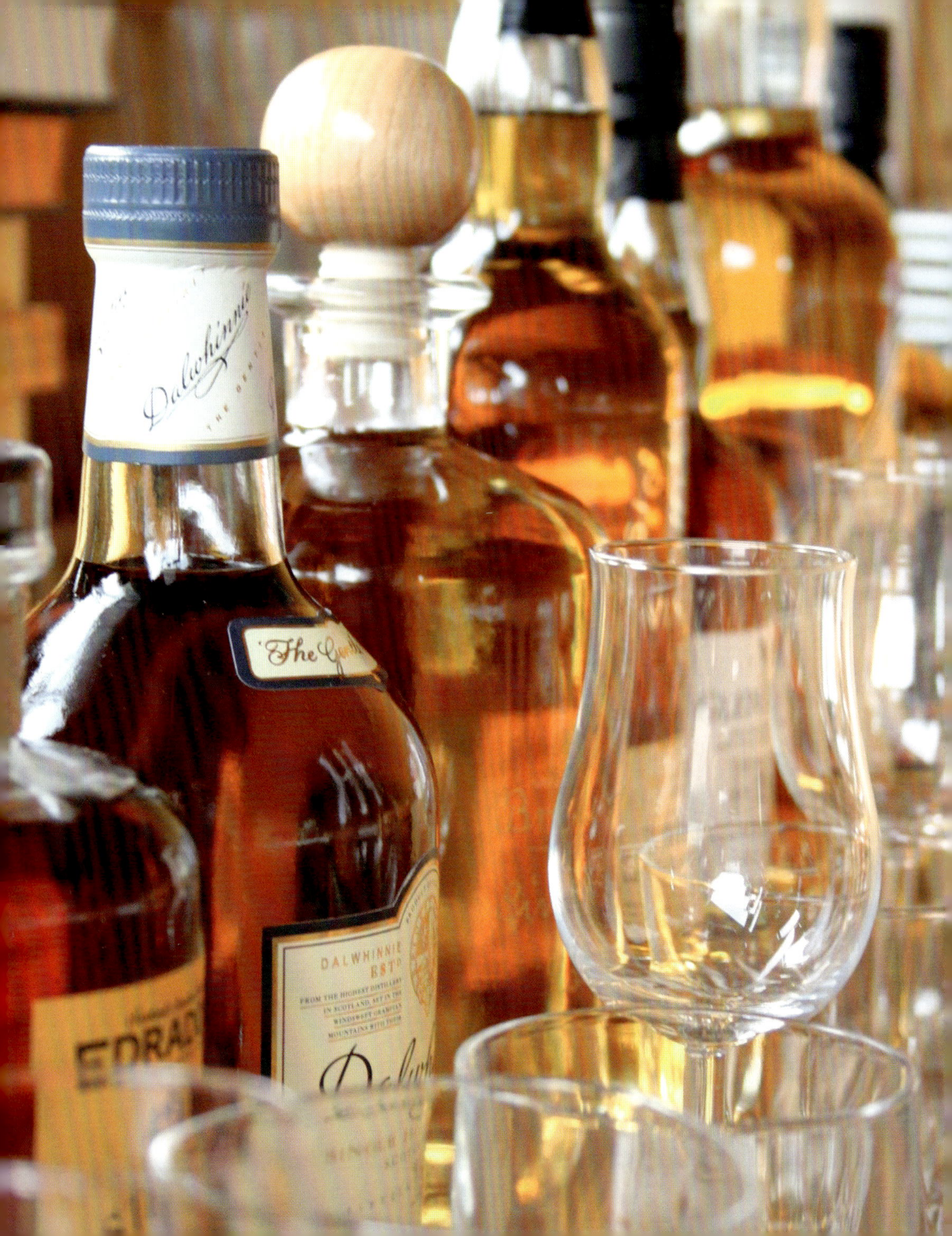
DALWHINNIE

Alkoholische Zutaten

Unüberschaubar und verwirrend ist das Angebot an Spirituosen. Das sollte jedoch Ihre Freude am Mixen von Cocktails und Longdrinks nicht trüben. Entscheidend ist nicht die Quantität der Flaschen in Ihrer Hausbar, sondern die Qualität und Ihre eigene Kreativität. Hier zunächst die alkoholischen Grundzutaten, die Sie dann peu à peu ganz nach persönlichem Geschmack durch weitere Spirituosen ergänzen können.

Brandy, Cognac, Weinbrand
Drei Worte, ein Begriff? Die Franzosen und Cognac-Experten würden energisch protestieren. Brandy ist die englische Bezeichnung für Weinbrand, während als Cognac grundsätzlich nur der Weinbrand bezeichnet werden darf, der aus den Weinen des Anbaugebiets Cognac im südfranzösischen Département Charente gewonnen wird. Diese Bestimmung geht auf den Versailler Vertrag zurück, der 1919 unterzeichnet wurde. Weinbrand hingegen ist die geschützte Bezeichnung für Qualitätsbranntwein aus Wein, der in Deutschland hergestellt ist. In Frankreich wird Wein schon seit dem 16. Jahrhundert gebrannt, während in Deutschland die ersten Weinbrennereien vor etwa hundert Jahren entstanden. Die Herstellung von Weinbrand und Cognac unterliegt strengen Vorschriften.

Entscheidend für Qualität, Geschmack und Preis eines Weinbrands bzw. Cognacs sind nicht nur die verwendeten Rebsorten und das Destillationsverfahren, sondern vor allem die Art und Dauer der Reife. So muss ein Weinbrand mindestens sechs Monate (mit Qualitäts- oder Altersprädikat mindestens zwölf Monate) und ein Cognac mindestens zwei Jahre in kleinen Eichenholzfässern lagern. Das ursprünglich farblose Destillat verbindet sich mit den holzeigenen Stoffen und nimmt mit der Zeit eine goldgelbe bis goldbraune Farbe an. So haben das für die Fässer verwendete Holz und die Dauer der Lagerung entscheidenden Einfluss auf Farbe, Aroma und Geschmack von Weinbrand und Cognac. Der Mindestalkoholgehalt von Weinbrand liegt bei 38% Vol.

Gin

Gin darf in keiner Hausbar fehlen, ist er doch die Basis für unzählige Cocktails und Longdrinks. Auch wer sich bisher kaum mit dem Thema Mixdrinks befasst hat, kennt den Gin Tonic und den Gin Fizz. Vor über zweihundert Jahren entwickelten die Engländer die Rezeptur für Gin. Der holländische Genever hatte sie auf den Geschmack gebracht. Gin und Genever – beide Namen sind abgeleitet von „genièvre", dem französischen Wort für Wacholder. Gemeinsam ist beiden der Wacholdergeschmack, der jedoch beim Gin durch eine zweite Destillation und die Kombination mit verschiedenen Gewürzen (Koriander, Kardamom, Orange, Angelikawurzel etc.) nicht so ausgeprägt ist. So eignet sich Gin im Gegensatz zum Genever hervorragend zum Mixen und gilt international als „Herz des Cocktails", da er sich mit vielen anderen Zutaten verträgt.

Rum

Die Heimat des Rums sind die Inseln im Karibischen Meer: Kuba, Jamaica, Haiti, Puerto Rico, Guadeloupe, Martinique, Barbados und Trinidad. Im tropischen Klima dieser Inseln wächst das Zuckerrohr, bei dessen Verarbeitung neben Zucker Melasse, eine dickflüssige Substanz, zurückbleibt. Sie ist der Grundstoff jeden Rums. Die Geschmacksunterschiede der verschiedenen Rumtypen ergeben sich durch die weitere Behandlung, wie zum Beispiel die Zugabe von spezieller Hefe, die Destillation und die Dauer der Lagerung (sechs Monate bis zu mehreren Jahren). Sie erfolgt wie beim Weinbrand und Cognac in Fässern aus Eichenholz. Die Farbskala des Rums reicht von Weiß über Gold bis zu tiefdunklem Braun. Je dunkler der Rum, desto intensiver ist das Aroma. Weißer Rum (37,5 % Vol) eignet sich daher besonders zum Mixen von leichten Cocktails und Longdrinks, während hochprozentiger, dunkler Rum (bis 75 % Vol) ideal ist für heiße Mixgetränke wie Grog und Punsch.

Whiskey & Whisky
Das „e" im Whisky ist ein Hinweis, dass er aus Irland oder den USA stammt. Unterschiedlich wie die Schreibweise ist auch der Geschmack der verschiedenen Whisk(e)y-Sorten. Keine gleicht der anderen, auch wenn die Grundlage immer ein Getreidebranntwein ist. Selbst Scotch ist nicht gleich Scotch, obwohl er ausschließlich in Schottland hergestellt wird. Der Grain (Getreide-) Whisky ist milder als der Malt (Malz-)Whisky. Der rauchige Geschmack entsteht durch das Trocknen des Malzes über schwelendem Torffeuer. Am häufigsten

wird der Blended Scotch angeboten – eine Mischung aus Malt- und Getreide-Whisky. Irish Whiskey wird nicht über offenem Feuer gedarrt (getrocknet), ist mild und hat einen intensiveren Malzgeschmack. Bourbon Whiskey, meist nur Bourbon genannt, wird in den Vereinigten Staaten aus einer Getreidemischung hergestellt, die zu mindestens 51 Prozent aus Mais besteht. In Amerika und Kanada wird der überwiegend aus Roggen bestehende schwere Rye Whisk(e)y gebrannt, während der leichte Canadian Whisky zu 51 Prozent aus Roggen besteht. Deutscher Whisky hat den leicht rauchigen Geschmack des Blended Scotch Whisky. Der Alkoholgehalt von Whisky liegt in der Regel bei 40 % Vol. Das Wort Whisky ist übrigens abgeleitet von dem gälischen „uisge beatha", zu deutsch Lebenswasser. Ob wir dieses Lebenswasser nun den Schotten oder Iren zu verdanken haben, ist bis heute nicht eindeutig geklärt.

Wodka

Keine Zweifel über die Urheberschaft gibt es beim Wodka – dem russischen Nationalgetränk. Mit den russischen Emigranten kam er in den Westen. Für die Herstellung von Wodka, was übersetzt ganz einfach Wässerchen heißt, wird das Destillat aus Getreide oder Kartoffeln durch aktive Holzkohle gefiltert. Während die Russen ihren Wodka pur genießen, ist er – neutral in Farbe und Geschmack – im Westen vor allem als ideale Basis für Cocktails und Longdrinks beliebt. Wodka-Mixgetränke wie „Bloody Mary" und „Screwdriver", in Amerika kreiert, trinkt man heute weltweit. Der Alkoholgehalt von Wodka liegt bei 40 bis 45 % Vol.

Likör

Likör bzw. Liqueur gibt es in unzähligen Geschmacks- und Farbvarianten. Hergestellt wird er aus Branntwein, Zuckerlösung, Fruchtsäften und Aromastoffen, die hauptsächlich aus Kräutern, Gewürzen und Früchten gewonnen werden. Kein Likör besteht aus nur einem Aroma. Es handelt sich immer um eine Komposition. Man unterscheidet zwischen Zitruslikören, Fruchtsaftlikören, Fruchtaromalikören, Kakao-, Kaffee- und Teelikören, Emulsionslikören

(Eier-, Schokoladen-, Sahne- und Milchlikör), Kräuterlikören und Honiglikören. Hinzu kommen die Individualisten unter den Likören wie beispielsweise Drambuie und Grand Marnier, die sich keiner dieser Gruppen zuordnen lassen. Als Brandy werden Fruchtsaft- oder Fruchtaromaliköre bezeichnet, wenn sie einen bestimmten Anteil an Obstbranntwein enthalten. Bei „Crème de…" bzw. „Cream" handelt es sich um besonders süße, dickflüssige Liköre. Der Alkoholgehalt eines Likörs liegt zwischen 15 und 30 % Vol.

Sekt, Champagner

Bis zum Ende des Ersten Weltkriegs wurde jeder Schaumwein als Champagner bezeichnet. Erst seit der Unterzeichnung des Versailler Vertrages 1919 ist dieser Begriff allein dem Schaumwein aus der Champagne vorbehalten. Und er wird nach wie vor nach der sehr aufwendigen „Méthode Champenoise" hergestellt. Dennoch sollten Sie ihn nicht wie einen Schatz hüten. Da Champagner – und das gleiche gilt für Sekt – beim Verlassen der Kellerei die optimale Reife erreicht hat, kann er durch lange Lagerung nicht gewinnen, sondern nur verlieren. Champagner und Sekt gibt es in den Geschmacksrichtungen brut (herb), extra brut bzw. dry (extra herb bzw. trocken), sec (trocken) und demi-sec (halbtrocken). Für Mixgetränke und für Bowlen sind trockene Sorten am besten geeignet. Im übrigen sollten Champagner und Sekt zwar kühl, aber nie eiskalt serviert werden. Bei zu niedrigen Temperaturen erfriert die Blume. Gläser immer mit klarem Wasser aus- bzw. nachspülen. Spülmittelreste können nicht nur den Geschmack verändern, sondern verhindern auch das Perlen.

Spirituosen-ABC

Amaretto:
Italienischer Likör auf Mandel- und Aprikosenbasis (28% Vol).

Angostura:
Aromatischer Kräuterbitter aus Trinidad (44% Vol).

Anisette:
Französischer Kräuterlikör.

Aperol:
Italienischer Bitter-Aperitif (11,5% Vol).

Apricot Brandy:
Fruchtaromalikör, hergestellt aus Aprikosen, Aprikosengeist und Weinbrand.

Aquavit:
Trinkbranntwein mit Kümmelaroma.

Bénédictine:
Goldfarbener französischer Likör auf Branntweinbasis (43% Vol).

Blackberry Brandy:
Fruchtsaftlikör aus Brombeersaft und -geist.

Calvados:
In Frankreich hergestellter Apfelbranntwein (40% Vol).

Campari:
Italienischer Bitter (25% Vol).

Cassis:
Auch Crème de Cassis. Französischer Likör aus dem Saft schwarzer Johannisbeeren.

Chartreuse:
Ein Likör, der aus 135 Kräutern hergestellt wird. Chartreuse vert (grün) enthält 55% Vol. Alkohol, Chartreuse jaune (gelb) 43% Vol.

Cherry Heering:
Dänischer Kirschlikör mit Bittermandelgeschmack (25% Vol).

Cointreau:
Französischer Curaçao-Likör, hergestellt aus Schalen von grünen und bitteren Orangen (40% Vol).

Crème de Bananes:
Weißer oder gelbbrauner Likör mit Bananengeschmack.

Crème de Cacao:
Weißer oder brauner Likör mit Kakaogeschmack.

Crème de Framboise:
Himbeerlikör.

Crème de Menthe:
Weißer oder grüner Pfefferminzlikör.

Curaçao:
Süßer Likör, der aus der Schale der grünen Curaçao-Orange hergestellt wird. In Weiß, Blau, Orange und Grün. Curaçao Triple Sec ist farblos und etwas herber.

Drambuie:
Scotch-Whisky-Likör mit Kräutern und schottischem Heidehonig (40% Vol).

Dubonnet:
Französischer Likörwein auf Pflanzen- und Kräuterbasis.

Escorial grün:
Deutscher Kräuterlikör.

Galliano:
Italienischer Kräuterlikör.

Gammel Dansk Bitter Dram:
Dänischer Kräuterlikör.

Grand Marnier:
Französischer Likör aus Cognac und dem Aroma von Bitterorangen (40% Vol).

Kroatzbeere:
Likör, der aus wildwachsenden Brombeeren hergestellt wird.

Licor 43:
Spanischer Likör mit Vanillenote.

Maraschino:
Farbloser italienischer Likör aus halbreifen Marschinokirschen.

Marsala:
Italienischer Süßwein.

Peach Brandy:
Pfirsichlikör mit Weinbrand.

Pernod:
Französischer Anisbranntwein.

Sambuca:
Italienischer Anislikör.

Tequila:
Farbloser bis goldbrauner Agavenschnaps aus Mexiko.

Tía Maria:
Auf der Basis von Jamaica Rum hergestellter Likör mit Kaffeearoma.

Vermouth (Wermut):
Eine Mischung aus Wein, Alkohol und zahlreichen Kräutern und Aromen. Vermouth gibt es in vier Geschmacksrichtungen: Bianco, Dry, Rosso und Rosé.

Nichtalkoholische Zutaten

Kaffee
Beim Kaffee haben Sie die Wahl zwischen milden und kräftigen Mischungen bis hin zu Mokka und Espresso. Für den Kannenaufguss sollte er mittelgrob gemahlen sein, für Filterkaffee mittelfein und für Espresso und türkischen Mokka sehr fein. Für die meisten Kaffeemixgetränke ist löslicher Kaffee (auch Instant oder Extrakt genannt) ebenfalls bestens geeignet. Er wird ausschließlich aus Röstkaffee unter Verwendung von Wasser hergestellt.
Kaffee sollte – egal, ob er heiß oder kalt getrunken wird – stets frisch aufgebrüht werden. Für kalte Mixgetränke immer schnell abkühlen, da sonst Aromastoffe verlorengehen und der Kaffee einen bitteren Geschmack bekommt.

Milch
Milch enthält fast alle Nährstoffe, die der Mensch zum Leben braucht: Milcheiweiß, Milchzucker, Milchfett, wertvolle Mineralstoffe (Calcium und Phosphor) sowie ein Vielzahl von Vitaminen. Und Milch lässt sich vielseitig mit Frucht- und Gemüsesäften, Obst und Kräutern mixen – ganz nach Geschmack süß oder pikant, kalt oder heiß, mit oder ohne Alkohol. Immer erst die Milch und dann die Zutaten in das Gefäß geben und kräftig mixen, damit die Milch nicht gerinnt. Vielfältig ist auch das Angebot an Milchmischgetränken wie beispielsweise Kakao, Himbeer- und Erdbeermilch.

Säfte und Limonaden
Fruchtsaft, Nektar, Fruchtsaftgetränk, Limonade, Gemüsesaft und Gemüsetrunk – wo liegt der Unterschied?

Fruchtsaft besteht grundsätzlich und ausschließlich aus dem Saft frischer Früchte. Er enthält keinerlei Konservierungs- oder Farbstoffe und ist meist ohne Zuckerzusatz hergestellt. Fruchtsäfte gibt es sortenrein wie Apfelsaft, Orangensaft und Traubensaft oder aus mehreren Fruchtarten wie Apfel-Orangen-Maracujasaft, Apfel-Kirschsaft oder Multi (Mehr)-Fruchtsaft. Fruchtsäfte sind klar, naturtrüb oder fruchtfleischhaltig. Multi-Vitamin-Fruchtsäfte sind mit zusätzlichen Vitaminen angereichert.

Fruchtnektar heißen Getränke, die einen Mindestgehalt von Fruchtsaft und Fruchtmark – er liegt je nach Frucht zwischen 25 und 50 Prozent – haben und mit Wasser und Zucker bzw. Honig hergestellt werden. Auch Nektar gibt es aus einer Fruchtart, mehreren Früchten und mit zusätzlichen Vitaminen angereichert. Außerdem wird Diät-Fruchtnektar angeboten, der anstelle von Zucker Süßstoff enthält. Auch Nektar wird ohne Konservierungsstoffe hergestellt.

Fruchtsaftgetränke enthalten Fruchtsaft, Fruchtsaftkonzentrat, Fruchtmark und Fruchtmarkkonzentrat. Der Mindestfruchtsaftgehalt liegt bei Fruchtsaftgetränken aus Kernobst oder Trauben bei 30 Prozent, aus Zitrusfrüchten bei 6 Prozent und aus anderen Fruchtsaftarten bei 10 Prozent. Kalorienarme Fruchtsaftgetränke sind mit Süßstoff gesüßt.

Limonaden enthalten Aromen (Essenzen) mit natürlichen Aromastoffen und in der Regel Zitronensäure, Weinsäure, Milchsäure oder Apfelsäure sowie deren Salze. Tonic Water, Bitter Lemon und Bitter Orange erhalten ihren leicht bitteren Geschmack durch Chinin (Extrakt aus der Rinde des Chinabaums), während Ginger Ale mit Ingweressenz hergestellt wird.

Gemüsesaft ist ebenso wie Fruchtsaft und -nektar frei von Konservierungsstoffen. Mischungen aus Gemüsesäften werden auch als Gemüsesaft-Cocktail bezeichnet.

Gemüsetrunk ist über die ursprüngliche Saftstärke hinaus verdünnt.

Beim Mixen von Cocktails und Longdrinks spielt vor allem Zitronensaft eine entscheidende Rolle. Wenn Sie Zitronen auspressen, ergibt eine Frucht etwa 4 cl Saft. Etwas saurer und kleiner als Zitronen sind Limonen bzw. Limetten. Neben reinen Zitronensäften werden speziell zum Mixen von Cocktails und Longdrinks auch Zitronenspezialitäten wie Lime Juice (gesüßtes Zitronenkonzentrat) und Pulco (ohne Zucker und Konservierungsstoffe) angeboten.

Sirup
Sirup wird aus mit Zucker verkochten natürlichen Früchten bzw. Fruchtsäften hergestellt. Durch die hohe Zuckerkonzentration ist kein Konservierungsstoff erforderlich. Bewahren Sie angebrochene Flaschen im Kühlschrank auf. So unterschiedlich wie Geschmack und Farbe der Früchte ist auch der aus ihnen gewonnene Sirup. Besonders beliebt in Cocktails und Longdrinks ist Sirup aus exotischen Früchten wie Kokosnuss (auch als Crème erhältlich), Mango, Maracuja, Guave usw. Ganz obenan steht Grenadine, der orangerote, fruchtig-süße Sirup aus Granatäpfeln und Kräutern.

Zucker
In Cocktails und Longdrinks wird Zucker überwiegend als Sirup verwendet, da er sich schneller als Kristallzucker mit den übrigen Zutaten verbindet. Zuckersirup können Sie leicht selbst herstellen: 500 Gramm Zucker mit einem halben Liter Wasser unter Rühren so lange sprudelnd kochen lassen, bis sich der Zucker aufgelöst hat, abkühlen lassen, in eine Flasche oder ein Glas füllen, fest verschließen und im Kühlschrank aufbewahren.

Nichtalkoholische Zutaten

Verzierungen

Man muss kein Künstler sein, damit aus dem Drink nicht nur ein Genuss für den Gaumen, sondern auch für das Auge wird. Je fruchtiger und erfrischender ein Longdrink ist, desto fantasievoller darf die Verzierung sein.

Der **Crustarand** ist nicht nur sehr dekorativ, sondern auch ganz einfach herzustellen: Den Glasrand mit einem Zitronenstück befeuchten oder direkt in Zitronensaft und dann in Zucker tauchen. Wenn Sie das Glas anschließend einige Minuten in den Kühlschrank stellen, wird der Crustarand haltbarer.

Statt des Zitronensafts können Sie auch Eiweiß, jeden anderen Fruchtsaft oder auch Sirup verwenden. Nehmen Sie zum Beispiel Grenadine, wenn ein roter Rand zum Inhalt des Longdrinks passt. Oder tauchen Sie den angefeuchteten Glasrand in gemahlene oder geraspelte Haselnüsse bzw. Mandeln.

Eine andere interessante Variante ist der Kokosnussrand: Glas zuerst in Kokosnusssirup oder -likör tauchen und dann in Kokosraspeln.

Kaffee- und Schokoladendrinks können Sie verzieren, indem Sie den angefeuchteten Glasrand in braunen Zucker, in Kaffee- oder Schokoladenpulver tauchen. Und Kinder sind begeistert, wenn ihnen der Drink mit einem Rand aus bunten Zuckerperlen serviert wird.

Der **Salzrand** für herzhafte Drinks ist so einfach wie der Zuckerrand: Befeuchten Sie den Glasrand ebenfalls mit Zitronensaft und tauchen Sie ihn dann in normales Speisesalz oder in Selleriesalz.

Zitrusfrüchte gehören zu den beliebtesten Verzierungen von Cocktails und Longdrinks. Verwenden Sie für diesen Zweck nur unbehandelte Zitronen, Orangen, Grapefruits und Limetten (die westindischen, sehr aromatischen Zitronen mit grüner Schale werden auch Limonen genannt). Immer unter fließendem Wasser gründlich abbürsten und anschließend trockentupfen.

Eine dekorative Zitrusspirale erhalten Sie, indem Sie mit einem Schälmesser dicht an der Oberfläche (oberhalb der weißen Innenhaut) rundum gleichmäßige Streifen herausschälen. Ganz schmale Streifen können Sie auch zusätzlich noch dekorativ verknoten.

Verzierungen

Selbst Zitrusscheiben, die in den Drink gegeben oder auf den Glasrand gesteckt werden, können Sie ganz einfach verzieren: Ritzen Sie, bevor Sie die Frucht in Scheiben schneiden, mit dem Schälmesser mehrere schmale Streifen in die Schale. Sehr effektvoll sind auch in Windungen auf Spießchen gesteckte Zitrusscheiben, die man mit Cocktailkirschen kombinieren kann.

Tropische Früchte wie die sternförmige Karambole (daher auch Sternfrucht genannt), die Kumquat (die Zwergorange wird mit Schale gegessen), die Physalis (Kapstachelbeere) sowie Papaya, Ananas, Kiwi, Melone und Banane machen – aufgespießt oder auf den Glasrand gesteckt – jeden Longdrink zur Augenweide. Und nicht zu vergessen die aus China stammende süß-saure Lychee, die man auch so schreibt wie man sie spricht: Litschi.

Aber auch unsere einheimischen Früchte wie Erdbeeren, Kirschen, Pfirsiche, Äpfel und Trauben sind ideal für dekorative Verzierungen. Geschälte Bananen und Äpfel sollten Sie sofort mit Zitronensaft beträufeln, damit sie sich nicht verfärben.

Wichtig bei allen Früchten ist, dass sie frisch, reif und makellos sind. Bei Honigmelonen sollten Sie folgenden Test machen, da die Farbe nichts über die Reife verrät: Drücken Sie leicht auf die dem Stiel gegenüberliegende Seite. Wenn sie nachgibt, ist die Frucht reif.

Reife Ananasfrüchte erkennen Sie an dem intensiven Duft speziell am Stielansatz. Die Blätter sind im übrigen auch eine sehr schöne Dekoration. Allerdings sollten Sie Ananas nicht zusammen mit Milchprodukten verwenden. Das erzeugt einen bitteren Geschmack.

Spießchen, ins Glas gestellt oder über den Rand gelegt, bieten eine Vielzahl von Variationsmöglichkeiten: Melonenstückchen oder -kugeln, Kirschen und Erdbeeren, Orangen- oder Zitronenscheiben mit Kirschen, Kirschen und Ananasstückchen, Grapefruit-, Bananen- und Limonenscheiben, Ananas-, Kiwi- und Papayascheiben, Kirsche, Papaya- und Sternfruchtscheiben, Kirsche, Pfirsich- und Kiwischeiben etc.

Dekorativ sind aber auch Spießchen mit nur einer Fruchtsorte wie zum Beispiel hellen oder dunklen Trauben, Bananenscheiben, Kirschen oder Melonenkugeln. Wenn Sie keine Cocktailspießchen zur Hand haben, können Sie auch Zahnstocher verwenden.

Zitronenmelisse verleiht den Drinks nicht nur optisch ein frisches Aroma. Wenn Sie keinen Garten oder Balkon haben, können Sie frische Zitronenmelisse auch wunderbar im Blumentopf auf der Fensterbank ziehen. Falls Sie Zitronenmelisse im Bund kaufen, sollten Sie die Stiele sofort ins Wasser stellen. Auch zum Einfrieren ist Melisse geeignet: Waschen, trockentupfen und im Gefrierbeutel ins Tiefkühlfach legen.

Minze ist ebenfalls sehr beliebt wegen ihres intensiven Aromas und sehr dekorativ. Auch sie lässt sich wunderbar im Garten, auf dem Balkon und mit ein bisschen Glück im Blumentopf auf der Fensterbank ziehen. Am intensivsten ist das Aroma kurz vor der Blüte im Juli/August.

Eiswürfel werden zur farbenfrohen Dekoration, wenn Sie Säfte oder Sirupe pur oder gemischt mit kohlensäurearmem Mineral- oder Heilwasser einfrieren. Legen Sie kleine Ausstechformen (Herzen, Sterne etc.) in die Eiswürfelschale, wenn Ihnen quadratische Würfel zu langweilig sind. Kurz vor dem Servieren unter fließendes Wasser halten. Oder benutzen Sie Eiskugelschalen bzw. -beutel.

Überraschen Sie Ihre Gäste mit „Fancy-ice-cubes". Für die Fantasieeiswürfel brauchen Sie lediglich einige tadellose Früchte wie Erdbeeren, Kirschen, Himbeeren, Johannisbeeren, Weintrauben oder kleine Stückchen von Zitrusfrüchten: Die Früchte in die Eiswürfelschale verteilen und mit Mineralwasser auffüllen. Auch Zitronenmelisse, Minze und Oliven lassen sich wunderbar in Eiswürfeln einfrieren. Nach wenigen Stunden sind die Früchteeiswürfel fertig.

Wenn Sie die Früchte lieber ohne den Eismantel servieren, halten Sie die Eisschale kurz unter fließendes Wasser, bis sich die äußere Eishülle gelöst hat. Sie können die geeisten Früchte dann einzeln in den Drink geben.

„Fancy-ice-cubes" mit noch mehr Farbe und Geschmack für fruchtige Sommerdrinks: Grenadine-, Waldmeister- und Maracujasirup mit kaltem Malvenblütentee und Mineralwasser mischen, in verschiedene Eiswürfelformen füllen, Kirschen mit Stiel, kleine Melissenzweige und Zitronenstücke hineingeben und mit Mineralwasser auffüllen.

Trinkhalme in verschiedenen Farben und Formen haben den Vorteil, dass die Gäste nicht versehentlich am Glas ihres Nachbarn nippen. Verwechslungen können Sie auch ausschließen durch fantasievolle Rührstäbe und originelle Dekorationen, die auf den Glasrand gesteckt werden. Kleine und große Gäste freuen sich über diese Souvenirs, die sie an einen schönen Nachmittag oder Abend erinnern.

Verzierungen

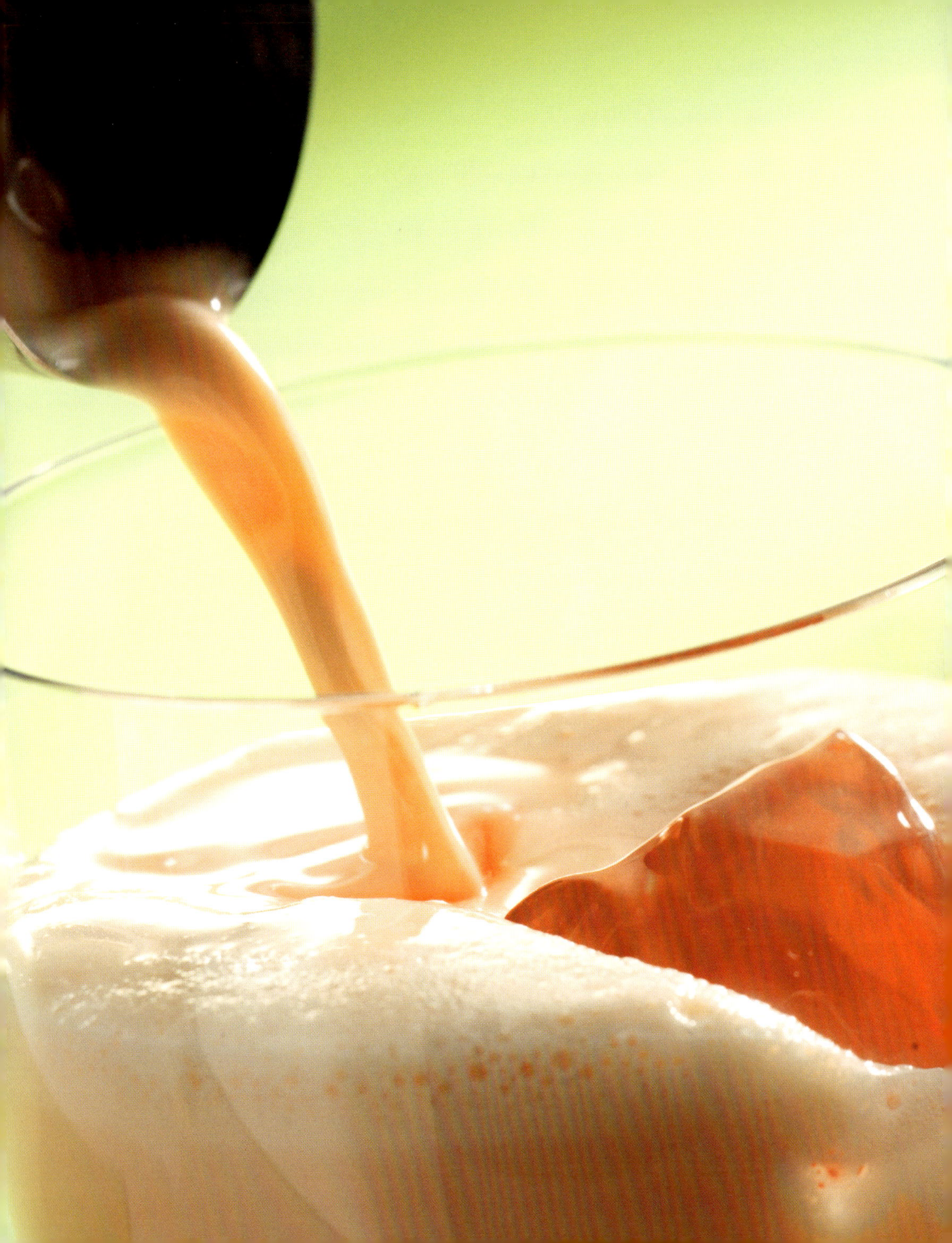

Jeder Drink ein Genuss

Auch beim Mixen macht Übung den Meister. Schnell werden Ihnen die Grundregeln geläufig sein. Dann schütteln auch Sie jeden Drink wie ein professioneller Barmixer sozusagen aus dem Handgelenk. Und da wären wir bereits beim ersten Stichwort:

Schütteln. Schütteln bedeutet immer, dass der Drink im Shaker zubereitet wird. Und dabei handelt es sich vor allem um Drinks, die schwer zu vermischende Zutaten wie Likör, Sirup, Sahne, Milch, dickflüssige Säfte und Eier enthalten. Sekt und kohlensäurehaltige Zutaten gehören grundsätzlich nicht in den Shaker, sondern werden anschließend aufgegossen.

Geschüttelt wird kurz und kräftig (10 bis 20 Sekunden) waagerecht vom Körper weg. Halten Sie den Deckel vorsichtshalber mit einem Finger fest. Durch das Schütteln wird das Getränk nicht nur gut gemixt, sondern auch gut gekühlt, ohne zu verwässern. Und damit kämen wir zum zweiten Stichwort – dem Eis. Je größer, glasiger, frischer und trockener die Eiswürfel sind, desto besser schmeckt der Drink. Geben Sie fünf bis sechs Eiswürfel in den Shaker, wenn Sie einen Drink zubereiten, bei mehreren Drinks weniger. Auf das Eis kommen zunächst die nichtalkoholischen Zutaten und zum Schluss der Alkohol. Nach dem Schütteln wird der Drink durch ein Barsieb (Strainer) abgeseiht. Das Eis, das im Shaker zurückbleibt, nicht mehr verwenden! Gießen Sie die Gläser nicht in einem Schwung randvoll, sondern „mit Gefühl" – dem Geschmack und der Optik zuliebe.

Im **Rührglas** werden vor allem Drinks mit dünnflüssigen Zutaten – auf viel Eis – gemixt. Rühren Sie vorsichtig mit einem langstieligen Barlöffel oder einem sogenannten Stirrer, bis das Glas beschlagen ist. Wie beim Shaken wird der Drink anschließend durch ein Barsieb in das Glas abgeseiht. Je nach Drink eventuell im Kühlschrank oder Tiefkühlfach vorkühlen! Im Gegensatz zu den geschüttelten Drinks bleiben im Rührglas zubereitete Mixgetränke klar.

Die dritte, beispielsweise beim Collins, angewandte Mixmethode ist die Zubereitung **direkt im Glas**: Zutaten auf Eiswürfel in einen Tumbler oder ein Longdrinkglas geben und kurz umrühren.

Vor allem die vorwiegend mit Rum zubereiteten Karibik-Drinks und die sogenannten Fancy (Fantasie-)Drinks werden häufig mit gestoßenem Eis (crushed ice) gemixt. Wenn Sie keine Eismühle besitzen, geben Sie das Eis in ein sauberes Geschirrtuch und zerstoßen es mit dem Nudelholz oder dem Fleischklopfer. Gestoßenes Eis nicht auf Vorrat herstellen und immer erst im letzten Augenblick in das Glas geben, da es schneller schmilzt als Eiswürfel.

Entscheidend für den Geschmack eines Drinks ist nicht so sehr die Mixtechnik, sondern in erster Linie die Qualität der Zutaten. Verwenden Sie möglichst frisch ausgepresste Zitrussäfte. Vorsicht ist geboten bei allen Zutaten mit intensivem Aroma wie Angostura, Likör, Sirup und Bitters. Bereits ein Tropfen zuviel kann den Geschmack des Drinks verfälschen. Verlassen Sie sich daher besser nicht auf Ihr Augenmaß, sondern auf das Messglas.

Die in den Rezepten angegebenen Mengen beziehen sich auf einen Drink, sofern nichts anderes genannt ist. Ob Cocktail oder Longdrink – die Grenzen sind fließend. In der Regel besteht ein Cocktail aus 5 cl Flüssigkeit, ein Longdrink aus 10 bis 15 cl. Und schließlich sollten Sie noch wissen, dass die Menge eines Bar- und Teelöffels (0,5 cl) identisch, ein Schuss etwa 1 cl und ein Dash ein Spritzer ist. Fünf Spritzer entsprechen der Menge eines Bar- bzw. Teelöffels.

Wenn jetzt alle, für die von Ihnen ausgewählten Drinks, notwendigen Zutaten bereitstehen, die Gläser auf Hochglanz poliert sind und Sie die Grundregeln des Mixens nicht ignorieren, können Sie sicher sein, dass jeder Drink ein Genuss ist.

*Die Mengen auf einen Blick**

1 l	=	10 dl	=	100 cl	=	1000 ml	=	1000 g
3/4 l	=	7,5 dl	=	75 cl	=	750 ml	=	750 g
1/2 l	=	5 dl	=	50 cl	=	500 ml	=	500 g
1/4 l	=	2,5 dl	=	25 cl	=	250 ml	=	250 g
1/8 l			=	12,5 cl	=	125 ml	=	125 g
1 EL			=	1,5 cl	=	15 ml	=	15 g
1 TL			=	0,5 cl	=	5 ml	=	5 g
1 Schnapsglas			=	2 cl	=	20 ml		
1 Weißweinglas			=	15 cl	=	150 ml		
1 Likörglas			=	5 cl	=	50 ml		
1 Tasse			=	15 cl	=	150 ml		

*Die Gramm-Angaben beziehen sich auf Wasser und können je nach Konsistenz der verwendeten Flüssigkeit geringfügig abweichen.

Abkürzungen: l (Liter), dl (Deziliter), cl (Zentiliter), ml (Milliliter), g (Gramm), EL (Esslöffel), TL (Teelöffel)

Jeder Drink ein Genuss

Brandy, Cognac & Weinbrand

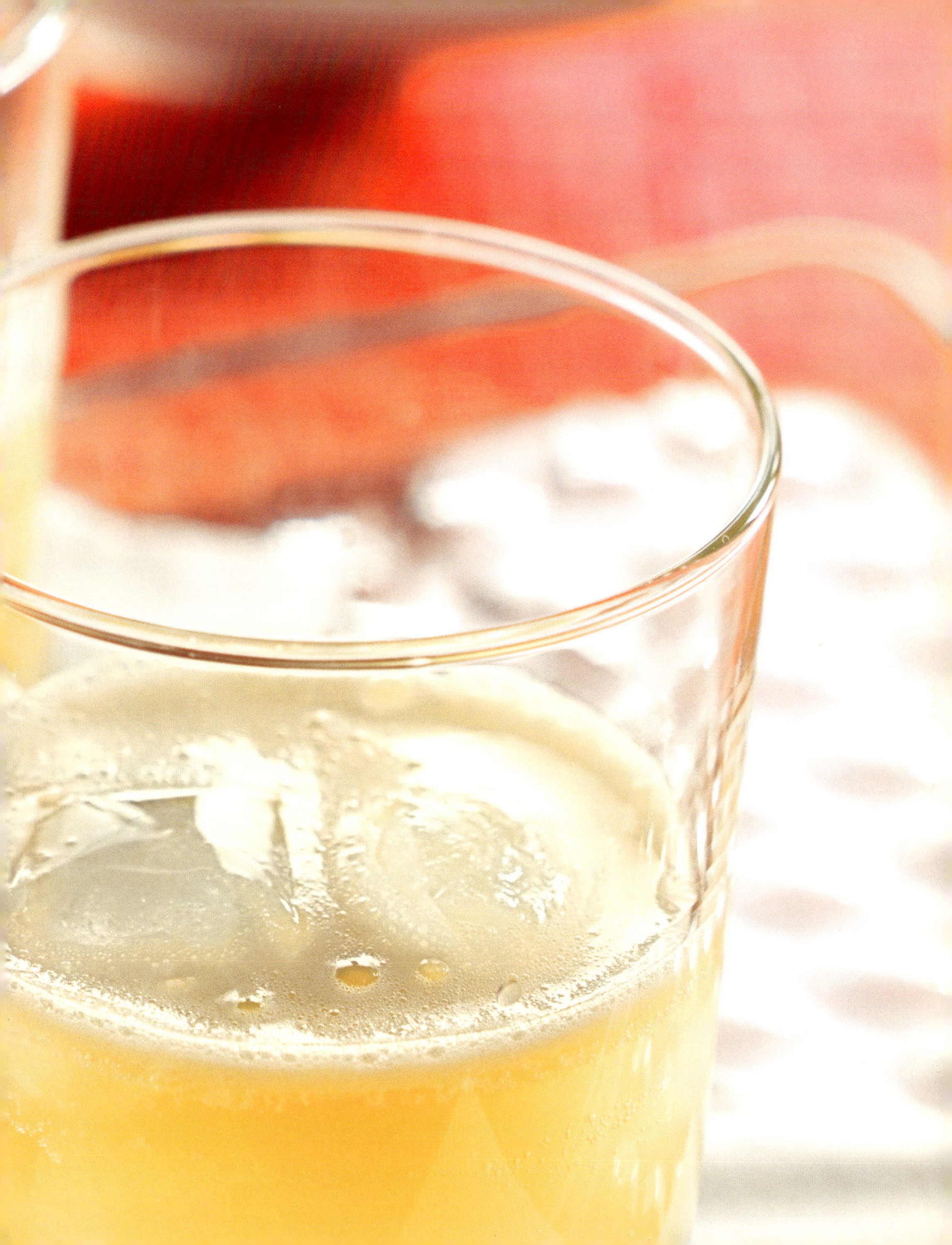

B and B

2 cl Brandy, 2 cl Bénédictine

Brandy und Likör im Mixglas auf Eis verrühren und in ein Likörglas oder einen Cognacschwenker abseihen. Oder auf Eis im Tumbler servieren.

Brandy Alexander

3 cl Brandy, 3 cl Crème de Cacao braun, 3 cl süße Sahne, Muskat

Brandy, Crème de Cacao und Sahne auf Eis im Shaker mixen, in ein Cocktailglas abseihen und mit Muskat bestreuen.

Brandy, Cognac & Weinbrand

Cognac Sour

4 cl Cognac, 2 cl Zitronensaft, 1 cl Zuckersirup, Sodawasser, 1/2 Zitronenscheibe

Cognac, Saft und Sirup im Shaker auf Eis gut schütteln und in einen Tumbler abseihen. Mit etwas Sodawasser auffüllen und mit der halben Zitronenscheibe dekorieren.

Sidecar

3 cl Brandy, 3 cl Cointreau, 3 cl Zitronensaft

Zutaten im Shaker auf Eis gut mixen und in ein vorgekühltes Cocktailglas abseihen.

Brandy, Cognac & Weinbrand

Adam & Eve

2 cl Cointreau, 2 cl Gin, 2 cl Cognac, Eiswürfel

Cointreau, Gin und Cognac mit den Eiswürfeln im Shaker mixen und in ein Cocktailglas abseihen.

Fifth Avenue

2 cl Crème de Cacao, 2 cl Apricot Brandy, 2 cl Sahne

Crème de Cacao in ein Cocktailglas gießen, darauf vorsichtig den Brandy schichten und als letzte Schicht die Sahne aufgießen.

Brandy, Cognac & Weinbrand

Caribbean Sunset

5 cl Tia Maria, 2 cl Cognac, 5 cl Sahne, 1 cl Zitronensaft, 1 Cocktailkirsche, Eiswürfel

Tia Maria, Cognac, Sahne und Zitronensaft in einem Mixer mit einigen Eiswürfeln cremig rühren. In eine Cocktailschale mit Crustarand gießen und mit der Cocktailkirsche garnieren.

Big Boy

3 cl Brandy, 1 cl Cointreau, 1 cl Zitronensirup, Eiswürfel

Brandy, Cointreau und Zitronensirup mit einigen Eiswürfeln im Shaker schütteln und in ein Cocktailglas abseihen.

Brandy, Cognac & Weinbrand

Cognac Alexander

2 cl braune Crème de Cacao, 4 cl Cognac, 4 cl Sahne, Muskatnuss, Eiswürfel

Crème de Cacao, Cognac und Sahne im Shaker kräftig schütteln. In eine Cocktailschale mit einigen Eiswürfeln gießen und mit etwas Muskatnuss bestäuben.

*I*talian Lover

**1,5 cl Brandy, 1,5 cl Baileys, 1,5 cl Amaretto, 1,5 cl Sahne,
1 Physalis, Eiswürfel**

Brandy, Baileys, Amaretto und Sahne mit einigen Eiswürfeln im Mixer cremig mixen. In eine kleine Cocktailschale abfüllen und mit der Physalis dekorieren.

Brandy, Cognac & Weinbrand

Luxury

**4 cl Brandy,
2 Spritzer Orange Bitter,
eisgekühlter Champagner,
1 Orangenzeste,
Eiswürfel**

Brandy und Orange Bitter in einem Rührglas mit einigen Eiswürfeln verrühren. In eine Champagnertulpe abseihen und mit eisgekühltem Champagner auffüllen. Mit der Orangenzeste dekorieren.

Paradise

3 cl Apricot Brandy, 2 cl Gin, 2 cl Orangensaft, 6 Eiswürfel

Brandy, Gin, Orangensaft und 4 Eiswürfel in einem Shaker kräftig schütteln. In ein Cocktailglas abseihen und 2 frische Eiswürfel hineingeben.

Brandy, Cognac & Weinbrand

Eiskaffee flambiert

4 gehäufte TL löslicher Kaffee, 1 Päckchen Vanillezucker, 1/2 Packung Vanilleeis, 1/2 Packung Nusseis, 12 cl Cognac, 4–8 Stück Würfelzucker

Den Kaffee in zwei Tassen warmem Wasser auflösen und den Vanillezucker hinzufügen. Abkühlen lassen. Das Eis auf hohe Gläser verteilen und mit dem kalten Kaffee auffüllen. In einem kleinen Kupfertöpfchen den Cognac mit dem Würfelzucker erhitzen, anzünden und brennend über den Eiskaffee gießen.

Mokka-Flip

4 cl Weinbrand, 4 cl Gin, 1 TL Zucker, 1 Eigelb, Eiswürfel, Zitronensaft, 1 TL Pulverkaffee

Den Weinbrand mit Gin, Zucker und Eigelb in einem Becher gut vermischen. Einige Eiswürfel in einen Mixbecher geben, dazu einen Spritzer Zitrone. Die Weinbrandmischung zugeben und schütteln. Den Mokka-Flip mit Pulverkaffee bestreut servieren.

Brandy, Cognac & Weinbrand

Gin

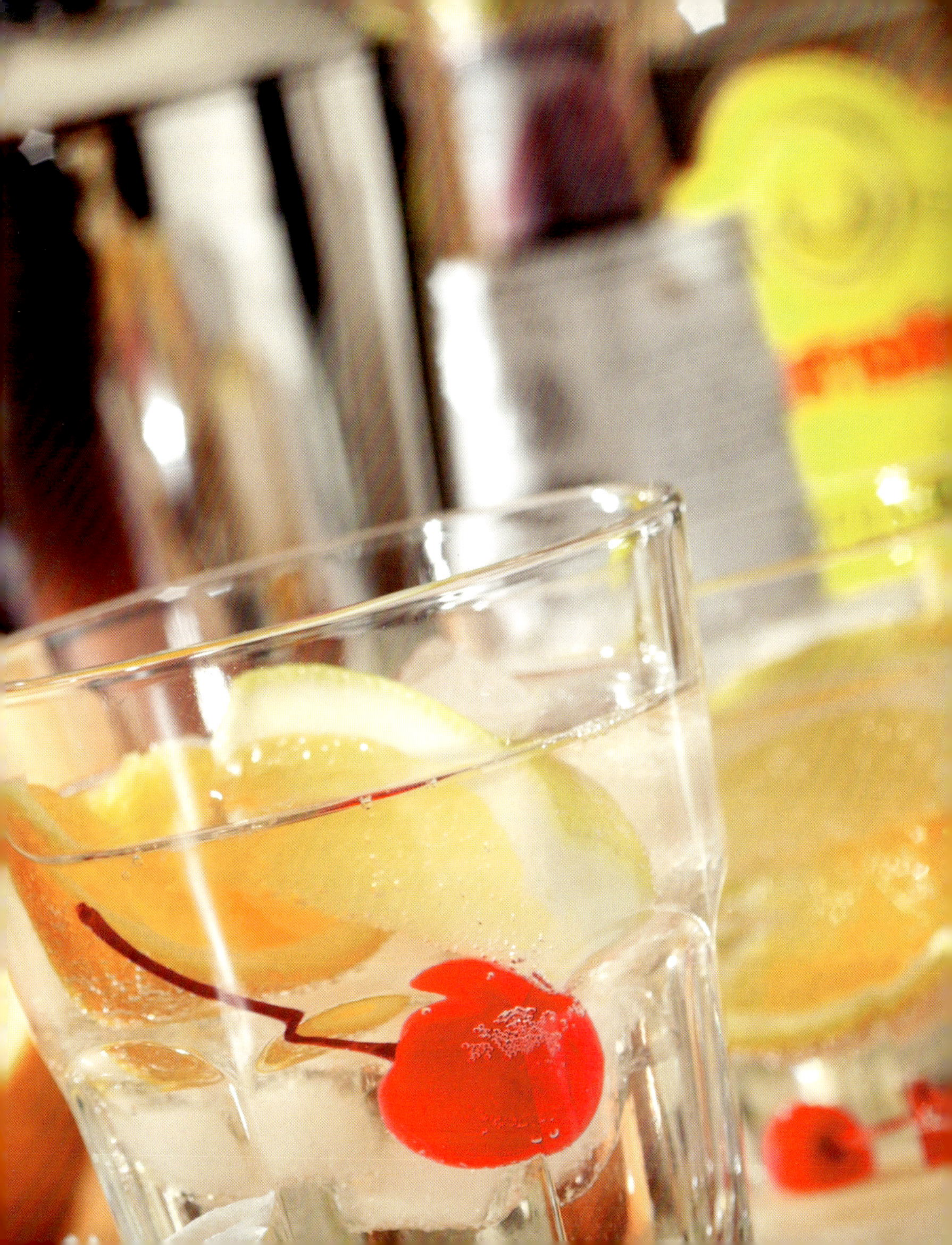

Gimlet

4 cl Dry Gin, 2 cl Lime Juice, 1 TL Zuckersirup

Zutaten in ein bis zur Hälfte mit Eisstücken gefülltes Rührglas geben, gut umrühren und durch einen Strainer in einen Tumbler geben. Je nach Geschmack mit Sodawasser auffüllen.

Gin Fizz

5 cl Dry Gin, 3 cl Zitronensaft, 1 cl Zuckersirup, Sodawasser

Gin, Saft und Sirup in den zur Hälfte mit klein gehacktem Eis gefüllten Shaker geben, kräftig schütteln, in ein Longdrinkglas abseihen und mit Sodawasser auffüllen.

Gin Old Fashioned

4 cl Dry Gin, 1 Spritzer Angostura Bitter, 1 TL Zucker, Sodawasser, Orangen- und Zitronenscheibe, 3 Cocktailkirschen

Zucker in einem Tumbler auflösen, Eisstücke, Gin und Angostura hinzufügen und mit Sodawasser auffüllen. Mit 1/2 Orangen- und Zitronenscheibe und Cocktailkirschen servieren.

Gin Tonic

4 cl Gin, Tonic Water, Zitronenscheibe

Eisstücke in ein Longdrinkglas geben, Gin hinzufügen, mit Tonic Water auffüllen und Zitronenscheibe auf den Glasrand stecken.

Singapore Sling

**6 cl Gin, 2 cl Cherry Brandy,
1 TL Zuckersirup,
1 Spritzer Grenadine,
Saft von 1/2 Zitrone,
Sodawasser,
1/2 Zitronenscheibe,
Cocktailkirschen**

Zutaten in einem Rührglas mixen, durch einen Strainer in einen Tumbler geben, mit Sodawasser auffüllen. Zitronenscheibe und Cocktailkirschen hinzufügen.

Tom Collins

**4 cl Gin,
1 TL Zuckersirup,
etwas Zitronensaft,
Sodawasser,
Zitronenscheibe**

Gin, Zuckersirup und Zitronensaft in ein Longdrinkglas auf Eiswürfel geben, umrühren und mit kaltem Sodawasser auffüllen. Halbe Zitronenscheibe in das Glas geben oder auf den Rand stecken.

White Lady

3 cl Gin, 3 cl Cointreau, 3 cl Zitronensaft, 1 TL Eiweiß

Shaker zur Hälfte mit zerkleinerten Eisstücken füllen, mit den Zutaten gut durchschütteln und durch einen Strainer in ein Cocktailglas gießen.

Pacific

**4 cl Gin, 1,5 cl Cointreau, 1,5 cl Kirschwasser,
2 Cocktailkirschen, Eiswürfel**

Eiswürfel in ein Rührglas geben. Gin, Cointreau und Kirschwasser dazugeben, gut verrühren und in ein spitzes Cocktailglas abseihen. Mit den Cocktailkirschen garniert servieren.

Fallen Angel

4 cl Gin, 2 cl Zitronensaft, 2 Spritzer grüne Crème de Menthe, 1 Spritzer Angostura, 3 Eiswürfel

Gin, Zitronensaft, Crème de Menthe, Angostura und Eiswürfel in einem Shaker kräftig mischen. In ein kleines Cocktailglas abseihen.

Napoleon

**4 cl Gin,
2 cl Curaçao Orange,
2 Barlöffel Dubonnet,
1 Spritzer Fernet Branca,
1 Zitronenzeste,
1/2 Orangenscheibe**

Gin, Curaçao, Dubonnet und Fernet Branca in einem Rührglas verrühren. In ein Longdrinkglas umgießen und mit der Zitronenzeste und Orangenscheibe garnieren.

Savoy Hotel Spezial

**4,5 cl Gin, 1,5 cl Vermouth Dry, 1 Spritzer Pernod,
2 Spritzer Grenadine, 1 Zitronenzeste**

Gin, Vermouth, Pernod und Grenadine in einer Cocktailschale verrühren und mit der Zitronenzeste dekorieren.

Barfly's Dream

2 cl Gin, 2 cl weißer Rum, 2 cl Ananassaft, 1 Physalis,
1 Ananasstück, 3 Eiswürfel

Gin, Rum und Ananassaft in einen Shaker geben und mit den Eiswürfeln gut schütteln. In ein kleines Cocktailglas abseihen. Mit der Physalis und dem Ananasstück garnieren.

Angels Delight

2 cl Gin, 2 cl Cointreau, 2 cl Sahne, 1 Barlöffel Grenadine, 2 Eiswürfel

Eiswürfel, Gin, Cointreau, Sahne und Grenadine in einem Shaker gut durchschütteln. In eine kleine Cocktailschale abseihen.

Gin

Royal Smile

5 cl Gin, 3 Barlöffel Zitronensaft, 1,5 cl Grenadine, 2 Eiswürfel

Gin, Zitronensaft und Grenadine in einen Shaker geben. Die Eiswürfel dazugeben und gut schütteln. In ein Longdrinkglas abseihen.

Captain's Widow

4 cl Gin, 1 cl weißer Rum, 2 cl Zitronensaft, 1 Barlöffel Läuterzucker, gestoßenes Eis

Gin, Rum, Zitronensaft und Läuterzucker in einem Shaker kräftig schütteln. Ein Glas zu zwei Dritteln mit gestoßenem Eis füllen und den Cocktail daraufgießen. Mit einem Trinkhalm servieren.

Montmartre

**4 cl Gin, 1,5 cl Curaçao Triple Sec, 1,5 cl Vermouth Bianco,
1 Cocktailkirsche, 4 Eiswürfel**

Gin, Curaçao und Vermouth in einem Rührglas mit den Eiswürfeln kräftig verrühren. In ein Longdrinkglas abseihen und mit der Cocktailkirsche dekorieren.

Monte Carlo Cocktail

2 cl Gin, 2 cl Grand Manier, 1 cl Zitronensaft, 1 cl Grenadine, 3 Eiswürfel

Die Eiswürfel in einen Shaker geben. Gin, Grand Manier, Zitronensaft und Grenadine dazugeben und kräftig schütteln. In ein Cocktailglas abseihen.

London Fog

5 cl Gin, 1,5 cl Pernod, gestoßenes Eis

Gin und Pernod verrühren. Eine Cocktailschale mit gestoßenem Eis füllen und den Cocktail daraufgießen. Nach Belieben garnieren.

Green Lady

***2 cl Gin, 1 cl Chartreuse grün, 1 cl Chartreuse gelb,
Saft von 1/2 Zitrone, 3 Eiswürfel***

Gin, Chartreuse, Zitronensaft und Eiswürfel in einen Shaker geben und kräftig schütteln. In eine kleine Cocktailschale abseihen.

Exotic

2 cl Sherry Cream, 3 cl Gin, Zitronenlimonade, Cocktailkirschen

Sherry Cream und Gin in eine große Cocktailschale geben. Verrühren und mit Zitronenlimonade auffüllen. Mit Cocktailkirschen garnieren.

Gin and Sin

*5 cl Gin, 1 Spritzer Grenadine, 1 Barlöffel Zitronensaft,
1 Barlöffel Orangensaft, 3 Eiswürfel*

Gin, Grenadine sowie Zitronen- und Orangensaft in einen Shaker geben. Die Eiswürfel hinzufügen, kräftig schütteln und in einen kleinen Tumbler abseihen.

Jamaica Glow

**3 cl Gin, 1 Barlöffel dunkler Rum, 1,5 cl Rotwein, 1 cl Orangensaft,
3 Eiswürfel**

Gin, Rum, Rotwein, Orangensaft und Eiswürfel im Shaker gut schütteln.
In ein Cocktailglas mit Crustarand abseihen.

Angel's Face

2 cl Calvados, 2 cl Dry Gin, 2 cl Apricot Brandy, 2 Eiswürfel

Calvados, Gin und Brandy in einem Rührglas mit den Eiswürfeln verrühren. In eine Cocktailschale abseihen.

Gin

Moulin Rouge

2 cl Gin, 2 cl Apricot Brandy, 2 cl Zitronensaft, 1 cl Grenadine, Aprikosenspalten, Eiswürfel

Gin, Brandy, Zitronensaft und Grenadine im Shaker mit den Eiswürfeln kräftig schütteln und in eine Sektschale umgießen. Mit den Aprikosenspalten garniert servieren.

Rum

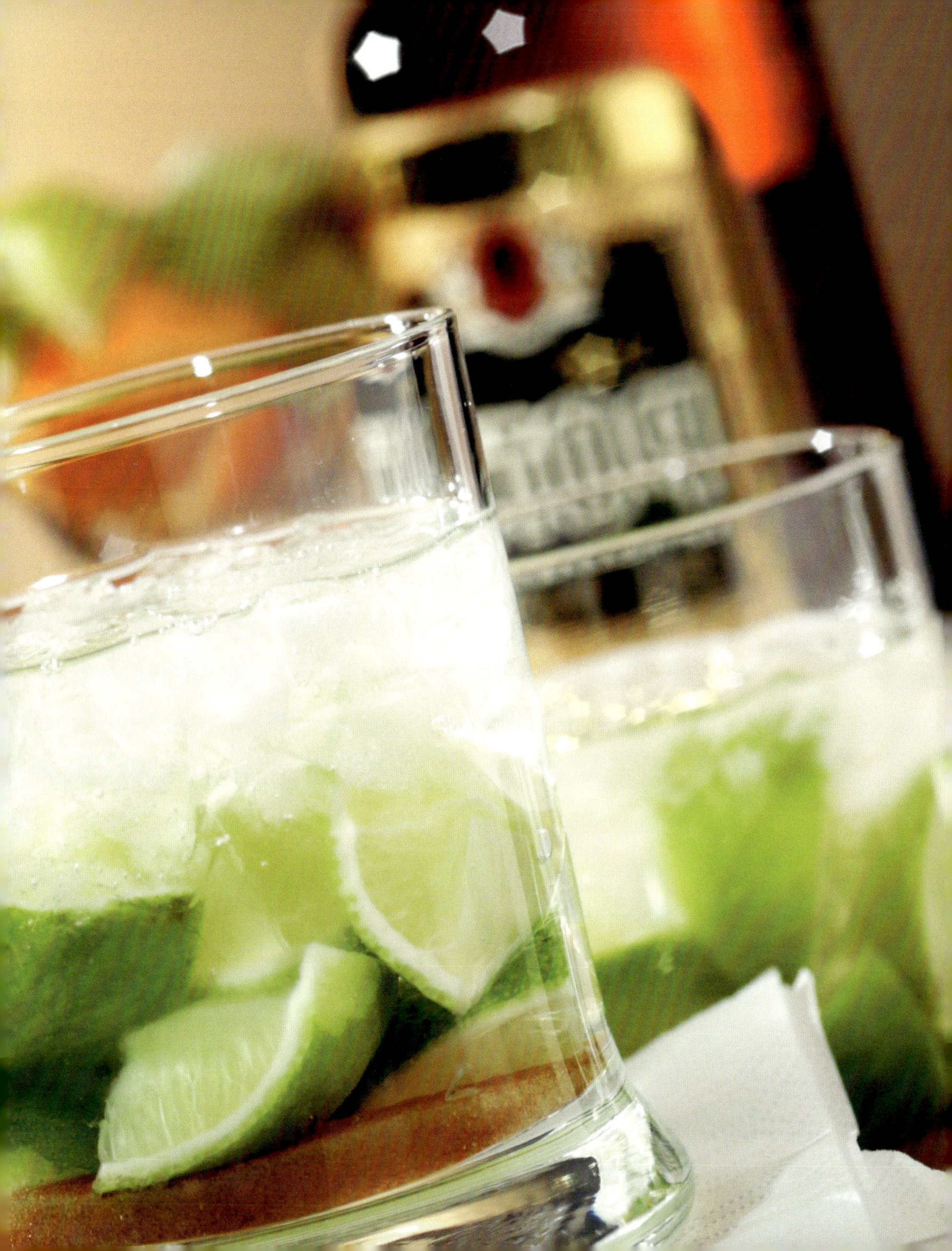

Barracuda

4 cl weißer oder brauner Rum, 2 cl Vanille-Likör, 6 cl Ananassaft, 3 cl Zitronen- oder Limonensaft, Ananasscheibe, Kirsche

Die Zutaten auf Eiswürfel in ein kurzes Stielglas geben und umrühren. Mit Ananas, Kirsche und Trinkhalm servieren.

Caipirinha

**1 Limette, 3 gehäufte TL weißer Rohrzucker,
5 cl Cachaca (ersatzweise weißer Rum)**

Die Limette achteln. Zusammen mit dem Rohrzucker in einen Tumbler geben.
Die Limette mit einem Stößel zerdrücken und 2 Minuten ziehen lassen.
Danach mit gestoßenem Eis auffüllen und den Cachaca bzw. Rum darübergießen.

Cuba Libre

4 cl weißer Rum, Cola, Zitronenscheibe

Den Rum auf Eiswürfel in ein Longdrinkglas geben, mit Cola auffüllen und Zitronenscheibe hineingeben.

Daiquiri

5 cl weißer Rum, 3 cl Zitronensaft, 2 cl Zuckersirup, Zitronenscheibe, Zitronenmelisse

Rum, Zitronensaft und Sirup im Shaker mit viel Eis kräftig mixen und in ein Cocktailglas abseihen. Zitronenscheibe hineingeben und mit Zitronenmelisse garnieren.

Mai Tai

2 cl weißer Rum, 2 cl brauner Rum, 2 cl Jamaica Rum, 2 cl Limetten- oder Zitronensaft, 2 cl Mandelsirup, 1 Limettenviertel, frische Minze, Cocktailkirsche

Rum, Saft und Sirup im Shaker auf Eis kräftig schütteln, in ein Longdrinkglas auf zerstoßenes Eis gießen und Limettenviertel hineingeben. Mit Minze und Kirsche garnieren.

Mojito

4–6 cl weißer Rum, Saft von 1/2 Zitrone, 1–2 Spritzer Angostura Bitter, 1–2 TL Zuckersirup, Sodawasser, frische Minze

Rum, Saft, Sirup und Angostura in ein Longdrinkglas geben. Mit gestoßenem Eis auffüllen, umrühren und mit Sodawasser abspritzen. Mit Minze dekorieren.

Piña Colada

*4 cl weißer Rum 4 cl Ananassaft (ungesüßt), 4 cl Kokossirup,
2 cl Sahne, Ananasscheibe*

Flüssige Zutaten im Shaker mit gestoßenem Eis gut schütteln und in ein Longdrinkglas auf Eiswürfel abseihen. Mit Ananasscheibe dekorieren.

Pink Elephant

4 cl brauner Rum,
1 cl Zitronensaft,
1 cl Grenadine,
2 cl Crème de Bananes,
6 cl Grapefruitsaft,
6 cl Maracujanektar

Alle Zutaten in einen mit Eiswürfeln gefüllten Shaker geben und kräftig schütteln. Über ein Barsieb in ein Longdrinkglas auf einige Eiswürfel abseihen. Nach eigenem Geschmack garnieren.

Planter's Punch

4 cl Gin, 2 cl Zitronensaft, 2 Spritzer grüne Crème de Menthe, 1 Spritzer Angostura, 3 Eiswürfel

Gin, Zitronensaft, Crème de Menthe, Angostura und Eiswürfel in einem Shaker kräftig mischen. In ein kleines Cocktailglas abseihen.

Zombie

*4 cl weißer Rum, 4 cl brauner Rum, 1 cl Apricot Brandy,
1 cl Grenadine, 2 cl Ananassaft, 2 cl Zitronen- oder Limettensaft,
Cocktailkirsche, frische Minze*

Zutaten mit viel gestoßenem Eis im Shaker schütteln und in ein Longdrinkglas auf Eiswürfel abseihen. Mit Kirsche und Minze dekorieren.

Rum

Tahitian Pearl

3 cl Rum Light, 3 Barlöffel Maraschino, 3 cl Limettensaft, 1 Spritzer Kandissirup, 1 Blüte, Eiswürfel

Rum mit Maraschino, Limettensaft und Kandissirup in einem Shaker kräftig schütteln. Die Eiswürfel in ein Cocktailglas geben und den Cocktail daraufgießen. Mit einer Blüte schmücken.

Ananas Cobbler

5 cl Rum, 2 cl Ananassirup, 4 Barlöffel Zitronensaft, 1 Ananasstückchen, 1 Zitronenstückchen, 1 Maraschinokirsche, gestoßenes Eis

Rum, Ananassirup und Zitronensaft in einem Rührglas gut verrühren. Ein Cobblerglas mit gestoßenem Eis füllen und den Cocktail darübergießen. Mit den Ananas- und Zitronenstückchen und der Maraschinokirsche dekoriert servieren.

Papa Ernesto

5 cl Rum Gold, 3 cl Limettensaft, 1,5 cl Honig, 1 Limettenscheibe, Eiswürfel

Rum, Limettensaft und Honig in ein Rührglas geben. Umrühren bis sich der Honig gelöst hat. Einige Eiswürfel in einen Tumbler geben, den Cocktail aufgießen und mit der Limettenscheibe servieren.

New Life

1 cl Rum, 2 cl Cointreau, 1 cl Pernod, 1 cl Zitronensaft, Eiswürfel

Rum, Cointreau, Pernod und Zitronensaft mit einigen Eiswürfeln in einen Shaker geben und kräftig schütteln. In ein Cocktailglas mit Crustarand abseihen.

Liberty

4 cl Calvados, 2 cl Rum, 1 Barlöffel Läuterzucker, Calvadosäpfel, gestoßenes Eis

Calvados, Rum und Läuterzucker in einem Rührglas mit etwas gestoßenem Eis verrühren, in ein Cocktailglas umfüllen und mit Calvadosäpfeln servieren.

English Cobbler

**6 cl Jamaica Rum, 1,5 cl Zitronensaft, 2 Barlöffel Läuterzucker,
3 cl starker schwarzer Tee, Johannisbeeren, 3 Eiswürfel**

Rum, Zitronensaft, Läuterzucker und Tee in einem Rührglas gut verrühren. Die Eiswürfel in einen Tumbler geben, den Cocktail daraufgießen und mit Johannisbeeren garnieren.

Cococabana

2 cl weißer Rum, 4 cl Batida de Coco, 8 cl Ananassaft,
1 Stückchen Ananas, 1 Cocktailkirsche, 4 Eiswürfel

Rum, Batida de Coco und Ananassaft mit den Eiswürfeln in einem Rührglas gut verrühren. In einen Tumbler mit Crustarand abseihen und mit dem Ananasstückchen und der Cocktailkirsche servieren.

Miami Beach

3 cl Rum, 1,5 cl Cointreau, 2 Barlöffel Zitronensaft, 3 Eiswürfel

Eiswürfel, Rum, Cointreau und Zitronensaft in einem Shaker kräftig schütteln und in ein Longdrinkglas abseihen.

Acapulco

**4,5 cl weißer oder brauner Rum, 0,8 cl Curaçao Triple Sec,
1,5 cl Limettensaft, 1 EL Läuterzucker, 1/2 Eiweiß, 1 Minzezweig, Eiswürfel**

Rum, Curaçao, Limettensaft, Läuterzucker, Eiweiß und Eiswürfel im Shaker kräftig schütteln und in eine Cocktailschale abseihen. Mit dem Minzezweig garnieren.

Peach Daiquiri

1 kleiner Pfirsich, 2 cl Limettensaft, 1 Spritzer Zitronensaft,
1 cl Zuckersirup, 4 cl weißer Rum, gestoßenes Eis

Den Pfirsich häuten und das Fruchtfleisch pürieren. Limettensaft, einen Spritzer Zitronensaft und Zuckersirup dazugeben. Das Ganze mit dem Rum und etwas gestoßenem Eis nochmals kräftig mixen.

Bahia

**6 cl weißer Rum,
8 cl Ananas- oder Mangosaft,
2 cl Cream of Coconut,
Eiswürfel,
1 Ananas- oder Orangenscheibe**

Alle Zutaten mit Eis in einen Shaker geben und gut mixen. Dann in ein Longdrink- oder Ballonglas füllen. Mit den Früchten dekorieren.

Daiquiri Key West

8 cl weißer Rum, 1 cl Maraschino, 4 cl Grapefruitsaft, 2 cl Limettensaft

Alle Zutaten im Mixer mit gestoßenem Eis mixen. In einen Tumbler abseihen.

Café Acapulco

1 gehäufter TL löslicher Kaffee, 40 g Puderzucker, 2 cl Rum, Zitronensaft, Eiswürfel, 2 Zitronenscheiben

Den Kaffee mit Puderzucker in 1/4 l kaltem Wasser auflösen. Mit Rum und Zitronensaft abschmecken. In ein Longdrinkglas auf Eiswürfel gießen, mit Zitronenscheibe dekorieren und eiskalt servieren.

Kuba-Tee

4 Scheiben Ananas, Zucker, 4 cl Rum, 3 TL schwarzer Tee, Safran, Saft von 1 Zitrone, Eiswürfel

Ananas würfeln, mit Zucker bestreuen und zugedeckt 1 Tag im Rum marinieren. Tee mit 500 ml kochendem Wasser überbrühen, ziehen lassen. Nach dem Erkalten mit Zitronensaft mischen. Eiswürfel und Ananasstücke auf Gläser verteilen und mit dem gut gekühlten Tee aufgießen.

Eiskaffee Karibik

6 TL Kaffeepulver, 4 große Kugeln Vanilleeis, 8 cl weißer Rum, Eiswürfel

Starken Kaffee zubereiten und sofort abkühlen lassen. Mit dem Vanilleeis verschlagen und den Rum hinzufügen. Mit Eiswürfeln in vier Gläsern servieren.

Egg-Nogg

2,5 cl Rum, 2,5 cl Brandy, 1 Ei, 1 TL Puderzucker, Eiswürfel, Milch, 1 Prise Muskatnuss

Den Rum zusammen mit dem Brandy, dem Ei und dem Puderzucker im Shaker mixen. 3 Eiswürfel in einen Tumbler geben, die Mischung darübergießen und mit Milch auffüllen. Zum Schluss Muskat darüberreiben.

Whisky

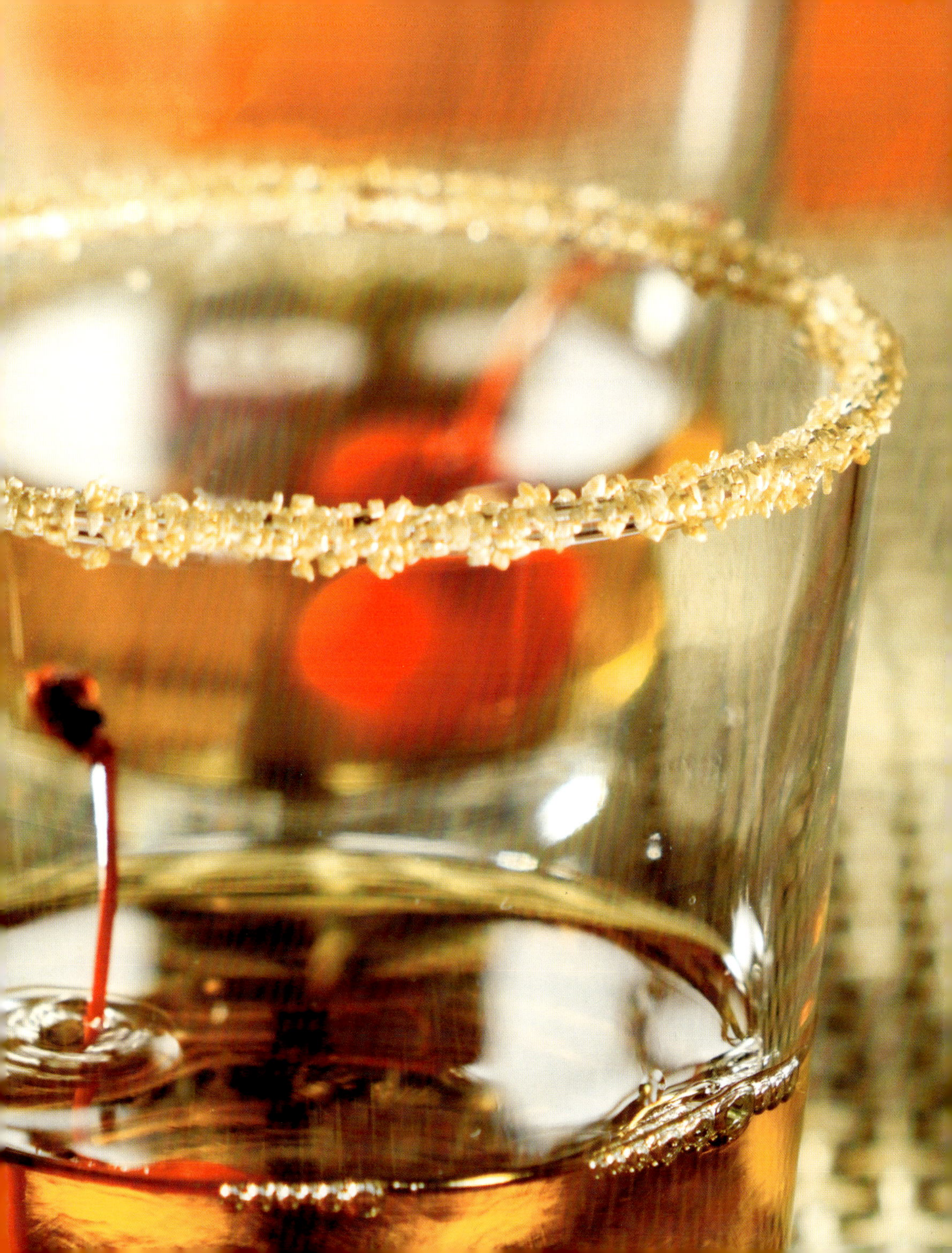

Manhattan

4 cl Canadian Whisky, 1,5 cl Vermouth Rosso, 1,5 cl Vermouth Bianco, 1 Spritzer Angostura, 1 Maraschinokirsche

Alle Zutaten im Mixglas mit Eis verrühren und in einem gekühlten Cocktailglas servieren. Mit Kirsche garnieren.

Old Fashioned

**4 cl Bourbon, 1 TL Zuckersirup, 4 Spritzer Angostura Bitter,
1 Spritzer Zitronensaft, Orangenscheibe, Cocktailkirsche**

Alle Zutaten auf Eis in einen Tumbler geben und umrühren. Mit zwei aufgespießten Kirschen und einer Orangenscheibe servieren.

Rob Roy

*2 cl Bourbon, 2 cl Vermouth Dry, 1 TL Curaçao,
3 Spritzer Angostura Bitter, Kirschenpaar, Zitronenmelisse*

Alle Zutaten im Mixglas kräftig rühren, in ein vorgekühltes Cocktailglas abseihen und mit Kirschen und Melisse garnieren.

Whisky Sour

4 cl Whisky, 2 cl Zitronensaft, 1 cl Zuckersirup, Zitronenscheibe, Cocktailkirsche

Whisky, Saft und Sirup im Shaker mit Eis schütteln, in einen Tumbler abseihen, mit Zitronenscheibe und Kirsche garnieren.

Scottish Blood

**4 cl trockener Rotwein, 1,5 cl Scotch Whisky,
1 Spritzer Zitronensaft, Eiswürfel**

Rotwein, Whisky und Zitronensaft im Shaker kräftig mixen.
In ein kleines Cocktailglas mit Eiswürfeln umgießen.

Harakiri Fizz

4 cl Scotch Whisky, 2 cl Zitronensaft, 3 Barlöffel Läuterzucker, gekühltes Soda, 2 Eiswürfel

Whisky, Zitronensaft und Läuterzucker im Shaker mixen. Die Eiswürfel in einen mittelgroßen Tumbler geben, den Cocktail daraufgießen und mit gekühltem Soda aufgießen.

Earthquake

2 cl Whisky, 2 cl Pernod, 2 cl Gin, 5 Eiswürfel

Whisky, Pernod und Gin mit 3 Eiswürfeln in einem Rührglas verrühren. Auf 2 frische Eiswürfel in einer Cocktailschale abseihen.

Whisky

Dandy

3 cl Whisky, 3 cl Dubonnet, 3 Barlöffel Cointreau, 1 Spritzer Angostura, 1 Zitronentwist, 1 Orangentwist, 3 Eiswürfel

Whisky, Dubonnet, Cointreau und Angostura im Rührglas verrühren. In einen Tumbler mit den Eiswürfeln gießen und mit dem Zitronen- und Orangentwist garnieren.

Indian River

4,5 cl Whisky, 3 Barlöffel Vermouth Bianco, 3 Barlöffel Himbeerlikör, 1,5 cl Grapefruitsaft, Grapefruitschnitz, 3 Eiswürfel

Whisky, Vermouth, Himbeerlikör, Grapefruitsaft und Eiswürfel im Shaker mixen. In ein Longdrinkglas umfüllen und mit einem Grapefruitschnitz garnieren.

Hurricane

1,5 cl Whisky, 1,5 cl Gin, 1,5 cl weiße Crème de Menthe, 1,5 cl Zitronensaft, Eiswürfel

Whisky, Gin, Crème de Menthe und Zitronensaft in einem Shaker kräftig schütteln. Mit einigen Eiswürfeln in eine große Cocktailschale umgießen.

Whisky-Crusta

**Zitronensaft,
Zucker,
2 cl Whisky,
2 cl Vermouth,
1 Cocktailkirsche**

Den Rand eines Tumblers 1 Zentimeter breit mit Zitronensaft anfeuchten und in Zucker tauchen, damit ein Zuckerrand entsteht. Whisky und Vermouth kühlen, in das Glas geben, sanft umschwenken und mit Zitronensaft abschmecken. Den Whisky-Crusta mit einer Cocktailkirsche garniert servieren.

Highball

6 cl Whisky, 2 cl Limettensaft, Eiswürfel, Soda

Whisky mit Limettensaft und Eiswürfeln in einem Shaker mixen und in ein Glas füllen. Mit Soda aufgießen.

Wodka

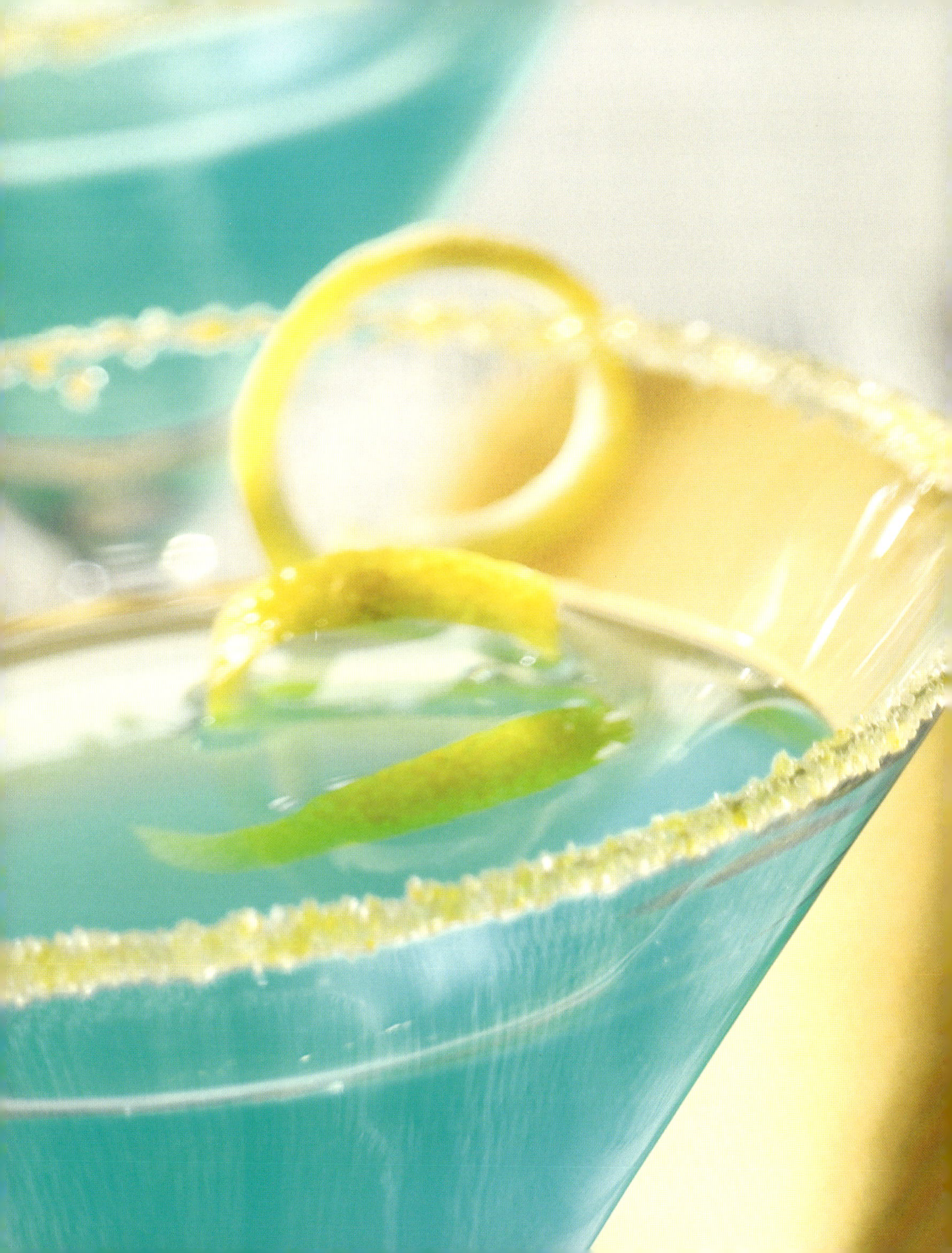

Black Russian

3 cl Brandy, 3 cl Wodka, 3 cl Sodawasser

Den Brandy in einen Tumbler gießen, 2 Eiswürfel dazugeben, Wodka und Soda im Rührglas auf Eis vermischen und langsam über den Brandy seihen.

Bloody Mary

5 cl Wodka, 1 cl Zitronensaft, 10 cl Tomatensaft, Worcestershiresauce, Tabasco, Selleriesalz, Pfeffer

Alle Zutaten im Shaker auf Eis kräftig schütteln oder im Mixglas gut verrühren. Nochmals abschmecken und im Longdrinkglas servieren.

Wodka

Blue Lagoon

4 cl Wodka, 2 cl Blue Curaçao, 1 cl Zitronensaft, Zitronenlimonade, Zitronenscheibe

Wodka, Curaçao und Zitronensaft im Longdrinkglas auf Eiswürfeln verrühren und mit Zitronenlimonade auffüllen. Mit Zitronenscheibe dekorieren.

Kamikaze

2 cl Wodka, 2 cl Cointreau, 2 cl Lime Juice, Limettenachtel

Wodka, Cointreau und Lime Juice verrühren und in eine Cocktailschale abseihen. Den Glasrand mit dem Limettenachtel dekorieren.

Screwdriver

4 cl Wodka, 16 cl Orangensaft, Orangenscheibe

Den Wodka in einen Tumbler auf Eisstücke geben und mit Orangensaft auffüllen. Mit Orangenscheibe dekorieren.

Sex on the Beach

3 cl Wodka, 2 cl Melonenlikör, 1 cl Grenadine, 6 cl Cranberrysaft, 6 cl Ananassaft, Sternfruchtscheibe, Melonenstück

Gestoßenes Eis in ein Ballonglas geben. Alle Zutaten im Mixer mit Eis mixen und in das Glas abseihen. Mit Sternfrucht und Melone dekorieren.

Swimmingpool

4 cl Wodka,
2 cl Blue Curaçao,
4 cl Kokossirup,
12 cl Ananassaft,
2 cl Sahne,
Ananastück,
Cocktailkirsche

Im Elektromixer alle Zutaten mit einigen Eiswürfeln gut durchmixen. Danach die Mischung in ein mit einigen Eiswürfeln gefülltes Longdrinkglas geben. Gut umrühren und mit Ananas und Kirsche garnieren.

White Russian

3 cl Wodka, 2 cl Kaffeelikör, 2 cl Sahne

Wodka und Kaffeelikör in einen Tumbler mit Eis geben und alles umrühren. Zum Schluss die Sahne langsam über einen umgedrehten Kaffeelöffel dazugießen.

Wodka

Just Now

2 cl Wodka, 2 cl Pfirsichlikör, 0,5 cl Blue Curaçao, 1 cl Ananassaft, Kumquats, 3 Eiswürfel

Wodka, Pfirsichlikör, Blue Curaçao und Ananassaft mit den Eiswürfeln im Shaker mixen. In ein kleines Cocktailglas abgießen. Mit Kumquats garnieren.

Heartbeat

3 cl Wodka, 3 cl Galliano, 3 Barlöffel Chartreuse grün,
2 cl Zitronensaft, 6 Eiswürfel

Wodka, Galliano, Chartreuse und Zitronensaft mit 3 Eiswürfeln im Shaker schütteln. In eine große Cocktailschale 3 frische Eiswürfel geben und den Cocktail darauf abseihen.

Bikinicocktail

2 cl Wodka, 2 cl Crème de Bananes, 2 cl Sahne, Eiswürfel

Wodka, Crème de Bananes und Sahne mit einigen Eiswürfeln im Shaker schütteln. In ein Longdrinkglas abfüllen und einige Eiswürfel dazugeben.

Gypsy Queen Cocktail

5 cl Wodka, 1 cl Bénédictine, 1 Spritzer Orange Bitter, 3 Eiswürfel

Wodka, Bénédictine und Orange Bitter im Shaker mit den Eiswürfeln kräftig schütteln. In ein Cocktailglas abseihen.

Aqua Marina

5 cl Wodka, 2,5 cl grüne Crème de Menthe, 2,5 cl Zitronensaft, eisgekühlter Sekt, Eiswürfel

Wodka, Crème de Menthe und Zitronensaft im Shaker mit einigen Eiswürfeln schütteln. In ein Longdrinkglas abseihen und mit eisgekühltem Sekt auffüllen.

Atlantis

4 cl Wodka,
2 Barlöffel Pfirsichlikör,
2 cl Grapefruitsaft,
eisgekühltes Bitter Lemon,
3 Eiswürfel

Wodka, Pfirsichlikör und Grapefruitsaft im Shaker kräftig schütteln. Die Eiswürfel in das Longdrinkglas geben, den Cocktail daraufgießen und mit eisgekühltem Bitter Lemon auffüllen. Nach Belieben garnieren.

Cosmopolitan

3 cl Vodka Citron, 1,5 cl Cointreau, Limettensaftkonzentrat, Preiselbeersaft, 1/2 Zitronenscheibe, Eiswürfel

Vodka Citron, Cointreau, Limettensaftkonzentrat, Preiselbeersaft und einige Eiswürfel im Shaker kräftig mixen. In ein kleines Glas abseihen und mit der Zitronenscheibe garnieren.

White Cloud

**3 cl Wodka, 2 cl weiße Crème de Cacao, 1 cl Sahne,
1 Barlöffel Kokosnusssirup, Eiswürfel**

Wodka, Crème de Cacao, Sahne und Kokosnusssirup mit einigen Eiswürfeln mixen und in ein Cocktailglas abseihen.

Wodka

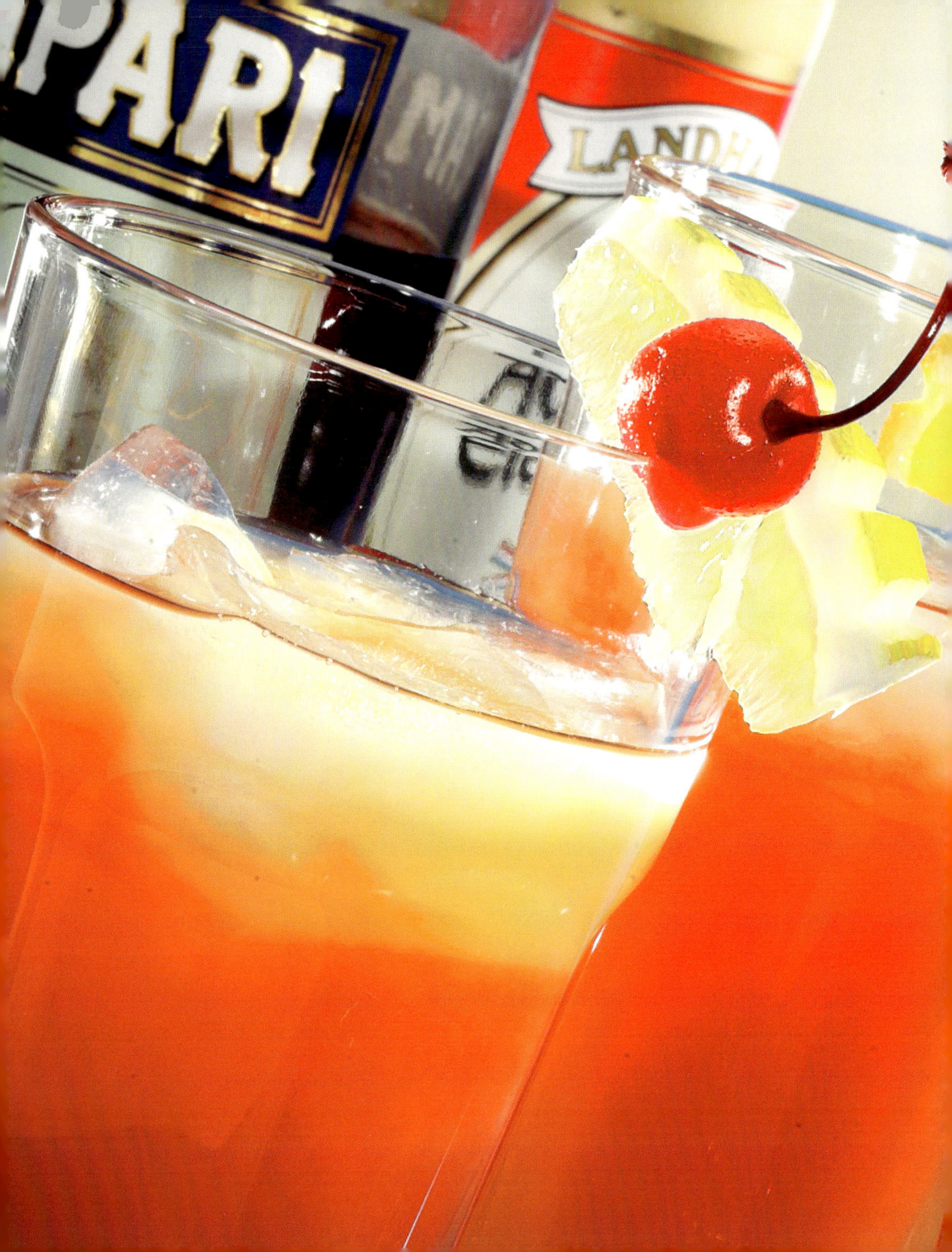
PARI
LAND

Likör, Campari & Vermouth

Americano

**5 cl Vermouth Rosso,
3 cl Campari,
2 Orangenscheiben,
Soda-, Mineral- oder Heilwasser**

Vermouth und Campari im Shaker auf Eis gut schütteln und in ein Longdrinkglas geben. Mit einer Orangenscheibe über den inneren Glasrand gehen und den Drink mit dem Saft der Orangenscheibe abspritzen. Je nach Geschmack mit Wasser auffüllen.

Apricot Fizz

4 cl Apricot Brandy,
4 cl Orangensaft,
2 cl Zitronensaft,
Sodawasser,
Zitronenscheibe,
Kirsche

Likör und Säfte im Shaker auf Eis schütteln, in ein Longdrinkglas abseihen und mit Sodawasser auffüllen. Mit Zitronenscheibe und Kirsche dekorieren.

Likör, Campari & Vermouth

Blue Moon

2 cl Blue Curaçao, 2 cl weißer Rum, 5 cl weißer Traubensaft, Tonic Water, Melonenkugeln, rote Trauben

Curaçao, Rum und Traubensaft im Shaker mit zwei bis drei Eiswürfeln gut schütteln. In ein Glas auf gestoßenes Eis abseihen. Melonenkugeln und abgezogene, halbierte und entkernte Trauben in den Drink geben und mit Tonic Water auffüllen.

Likör, Campari & Vermouth

Pimms No. 1

5 cl Pimms No. 1, Sprite, Ginger Ale, Orangenscheibe, Kirsche, Apfelstück, Gurkenstück

Pimms No. 1, Sprite und Ginger Ale im Becherglas verrühren. Eiswürfel sowie Orange, Kirsche, Apfel und Gurke dazugeben.

Xuxu Margarita

10 cl XUXU 10, 4 cl Tequila, 1 cl Zitronensaft, Zucker, Erdbeere

Den Erdbeerlikör und den Tequila mit Zitronensaft und Eiswürfeln im Shaker kräftig schütteln. Anschließend über ein Barsieb in eine Cocktailschale mit Zuckerrand gießen. Mit einer Erdbeere garnieren.

Ulysses

2 cl Brandy, 2 cl Vermouth Dry, 2 cl Cherry Brandy, 1 Orangenzeste, Eiswürfel

Brandy, Vermouth und Cherry Brandy mit einigen Eiswürfeln verrühren. In eine Cocktailschale abseihen und mit der Orangenzeste servieren.

Likör, Campari & Vermouth

Diabolo

2 cl Vermouth, 4 cl Portwein, 2 Barlöffel Zitronensaft, 1 Zitronenzeste, 3 Eiswürfel

Vermouth, Portwein, Zitronensaft und Eiswürfel in einem Shaker kräftig schütteln. In ein Cocktailglas abseihen und mit der Zitronenzeste dekorieren.

Vermouth Cocktail

3 cl Vermouth Bianco, 3 cl Vermouth Dry, 2 Spritzer Orange Bitter, 1 Cocktailkirsche, 3 Eiswürfel

Vermouth, Orange Bitter und Eiswürfel im Rührglas verrühren. In eine Cocktailschale abseihen und mit der Cocktailkirsche garnieren.

Likör, Campari & Vermouth

Sherry Cocktail

6 cl Sherry, 1,5 cl Vermouth Dry, 2 Spritzer Orange Bitter, 4 Eiswürfel

Sherry, Vermouth und Orange Bitter mit den Eiswürfeln in einem Rührglas kräftig verrühren. In ein Longdrinkglas abseihen.

Vampire

3 cl Vermouth Dry, 3 cl Gin, 1,5 cl Limettensaft, Eiswürfel

Vermouth, Gin und Limettensaft mit einigen Eiswürfeln im Shaker schütteln. In eine Cocktailschale abseihen.

Aperol 86

2 cl Aperol, 2 cl Vermouth Dry, 2 cl Cointreau, 1 Erdbeere, Eiswürfel

Aperol, Vermouth und Cointreau mit einigen Eiswürfeln in einem Rührglas vermischen. In eine Cocktailschale abseihen und mit der Erdbeere garnieren.

Likör, Campari & Vermouth

Leviathan

1,5 cl Vermouth Bianco, 3 cl Brandy, 1,5 cl Orangensaft, 3 Eiswürfel

Vermouth, Brandy, Orangensaft und Eiswürfel im Shaker kräftig mixen. In ein spitzes Cocktailglas mit Crustarand abseihen.

Likör, Campari & Vermouth

Orange Blossom

2 cl Vermouth Bianco, 2 cl Dry Gin, 3 cl Orangensaft, Orangenstückchen, Eiswürfel

Vermouth und Gin mit dem Orangensaft verrühren. Mit einigen kleinen Eiswürfeln und Orangenstückchen in einem Longdrinkglas servieren.

Diplomat

4,5 cl Vermouth Dry, 1,5 cl Vermouth Bianco, 3 Barlöffel Maraschino, 2 Spritzer Orange Bitter, 1 Zitronentwist, Eiswürfel

Vermouth, Maraschino, Orange Bitter und einige Eiswürfel verrühren. In ein Cocktailglas abseihen und mit dem Zitronentwist garnieren.

Trinidad

3 cl Vermouth Dry, 3 cl Trinidad Rum, 1 Spritzer Angostura, 2 Eiswürfel

Vermouth, Rum und Angostura verrühren. In ein spitzes Cocktailglas mit den Eiswürfeln geben und den Cocktail daraufgießen.

Marmon Cocktail

**2 cl Vermouth Dry, 2 cl Cherry Brandy, 2 cl Kirschwasser,
1 Cocktailkirsche, 3 Eiswürfel**

Vermouth, Brandy und Kirschwasser mit den Eiswürfeln im Shaker schütteln. In eine große Cocktailschale umfüllen und mit der Cocktailkirsche garnieren.

Likör, Campari & Vermouth

Berlin

*2 cl Pfirsichlikör, 2 cl Williamsgeist, 2 cl Martini Extra Dry,
1 Zwergbirne, Eiswürfel*

Pfirsichlikör, Williamsgeist und Martini mit den Eiswürfeln in einem Rührglas verrühren. Die Zwergbirne geschält in eine große Cocktailschale geben und den Cocktail daraufgießen.

Likör, Campari & Vermouth

Scarlett O'Hara

**2,5 cl Southern Comfort, 2,5 cl Preiselbeersaft,
1 cl Limettensaft, 4–5 Eiswürfel**

Southern Comfort, Preiselbeersaft und Limettensaft mit den Eiswürfeln im Shaker schütteln und in ein kleines Tulpenglas abseihen.

Likör, Campari & Vermouth

New Yorker

6 cl Southern Comfort, 1,5 cl Limettensaft, 1 Limettenstück, Eiswürfel

Southern Comfort mit dem Limettensaft und einigen Eiswürfeln in einen Shaker geben und kräftig schütteln. In ein Cocktailglas abseihen und mit dem Limettenstück garnieren.

Likör, Campari & Vermouth

Green Coconut

8 cl Ananassaft, 6 cl naturtrüber Apfelsaft, 1 Eigelb, 1 cl Kokosnusscreme, 1 cl Blue Curaçao, gestoßenes Eis, Eiswürfel

Säfte, Eigelb, Kokosnusscreme und Curaçao im Shaker auf Eis gut schütteln. In ein zu einem Drittel mit gestoßenem Eis gefülltes Glas geben und servieren.

Likör, Campari & Vermouth

Apricot Cooler

4 cl Apricot Brandy, 2 cl Zitronensaft, 3 Spritzer Grenadine, Ginger Ale oder Sodawasser

Likör, Saft und Grenadine-Sirup im Shaker auf Eis mixen, in ein Longdrinkglas abseihen und mit Ginger Ale oder Sodawasser auffüllen.

Likör, Campari & Vermouth

Tropical

4 cl Batida de Coco, 1/2 Honigmelone, 1 Barlöffel Limettensaftkonzentrat, 1 Limettenscheibe, 3 Eiswürfel

In einem Mixer Eiswürfel, Batida de Coco, Honigmelone und Limettensaftkonzentrat mixen. Den Cocktail in ein Longdrinkglas umfüllen und mit der Limettenscheibe garnieren.

Likör, Campari & Vermouth

Dame Blanche

5 cl Crème de Bananes, 2 Spritzer Maraschino, 2 Spritzer Kirschwasser, geschlagene Sahne, Eiswürfel

Crème de Bananes, Maraschino und Kirschwasser in einem Rührglas mit einigen Eiswürfeln verrühren. In ein spitzes Cocktailglas abseihen und mit etwas geschlagener Sahne garnieren.

After All

2 cl Pfirsichlikör, 2 cl Calvados, 2 cl Zitronensaft, Sternfruchtscheibe, Eiswürfel

Pfirsichlikör, Calvados und Zitronensaft im Shaker mit einigen Eiswürfeln mixen und in ein Cocktailglas abseihen. Mit einer Sternfruchtscheibe garnieren.

Marillen-Kaffee

6 TL Kaffeepulver, 4 TL Zucker, 8 frische Aprikosen, 4 EL Marillenlikör, 125 ml Schlagsahne, 100 g Pistazien

Kaffee mit 700 ml Wasser aufkochen, süßen, abdecken und sofort erkalten lassen. Inzwischen die Aprikosen häuten und entkernen. Die Hälfte der Früchte klein schneiden und 1/2 Stunde im Marillenlikör ziehen lassen. Die Sahne steif schlagen und die Pistazien grob hacken. Die übrigen Aprikosen halbiert auf Spieße stecken und in vier Kaffeetassen setzen. Die in Likör eingeweichten Früchte hineingeben, mit dem kalten Kaffee aufgießen und mit Pistazien-Sahnehaube servieren.

Café La Bamba

6 gehäufte TL Kaffeepulver, 8 cl Eierlikör, 1/4 l Orangensaft, 8 TL Rohrzucker, 4 Orangenscheiben

Kaffee aufgießen und schnell abkühlen lassen. Eierlikör unterrühren und mit Orangensaft auffüllen. Mit Rohrzucker je nach Geschmack süßen und in vier Gläser füllen. Mit Orangenscheiben dekorieren.

Likör, Campari & Vermouth

Café-Chocolat-Flip

3–4 Messerspitzen löslicher Kaffee,
2 EL löslicher Kakao,
1 Ei,
4 cl Maraschino,
4 cl Zitronen- oder Orangenlikör,
2 TL Puderzucker,
etwas Schlagsahne

Alle Zutaten in einen Mixbecher geben und schaumig schlagen. In einen Sektkelch geben und mit Schlagsahne verzieren.

Mokka-Eis-Flip

2 cl Pfirsichlikör, 2 cl Calvados, 2 cl Zitronensaft, Sternfruchtscheibe, Eiswürfel

Pfirsichlikör, Calvados und Zitronensaft im Shaker mit einigen Eiswürfeln mixen und in ein Cocktailglas abseihen. Mit einer Sternfruchtscheibe garnieren.

Likör, Campari & Vermouth

Calvados, Tequila & Co.

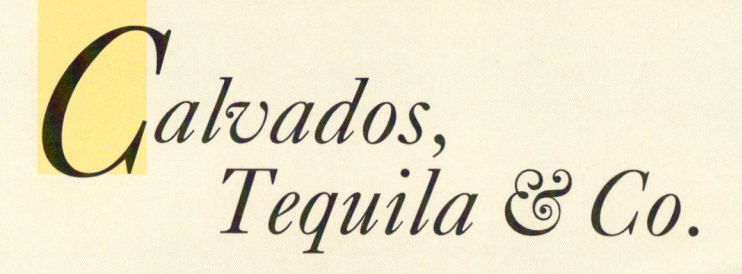

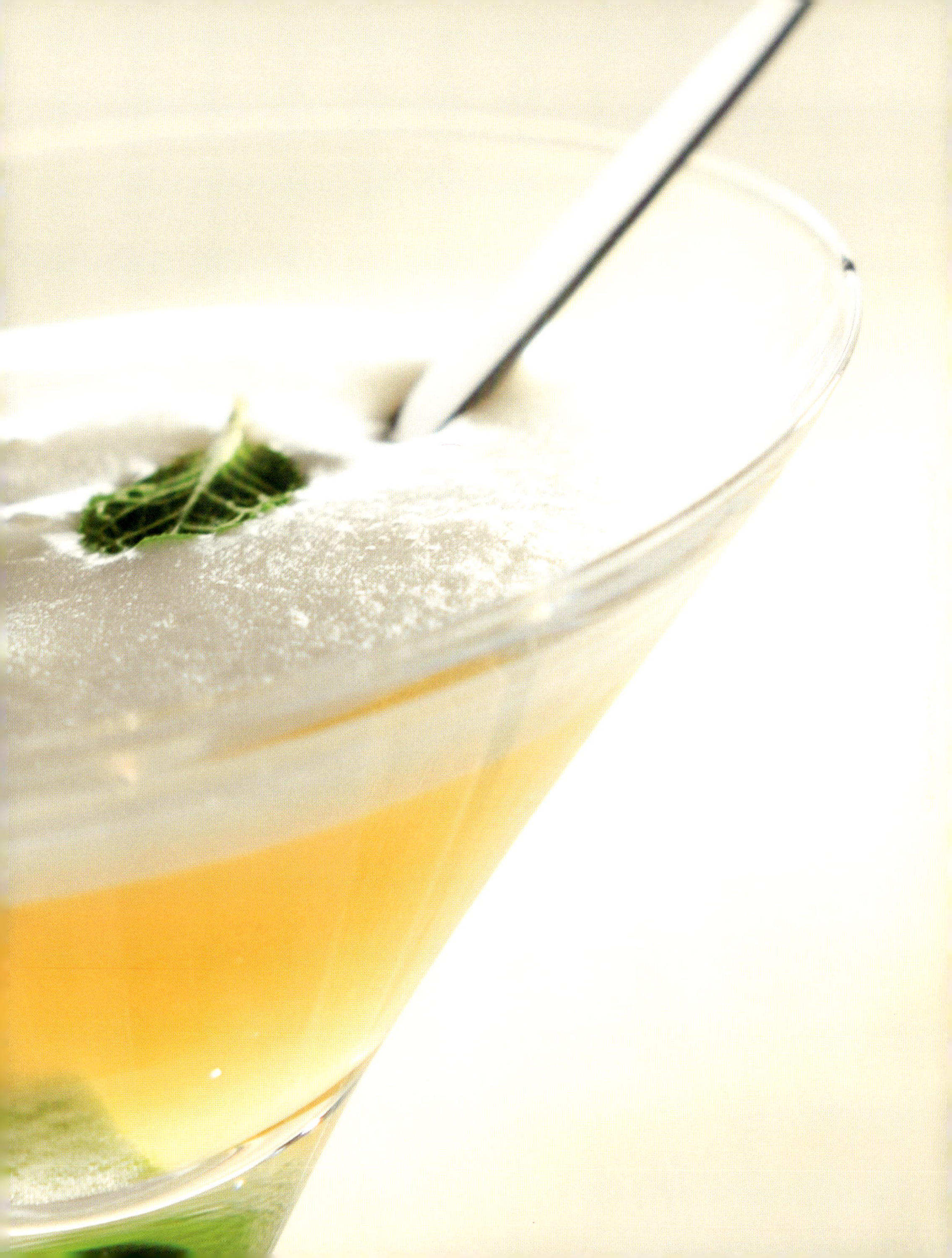

Mexican Snowball

2 cl Tequila,
2 cl Kahlua,
2 cl Kokosnusscreme,
2 cl Sahne

Alle Zutaten im Shaker mit mehreren Eiswürfeln schütteln und in eine Cocktailschale abseihen.

Calvados, Tequila & Co.

Gatsby

4 cl Himbeergeist, 4 cl Pfirsichnektar, 2 cl Passionsfruchtlikör, Orangenspirale, Cocktailkirsche, Curaçao, Zucker

Rand eines Cocktailglases in Curaçao und dann in Zucker tauchen. Himbeergeist und Nektar im Shaker auf Eis mixen und in das Cocktailglas abseihen. Likör hinzufügen. Mit Orangenspirale und Kirsche dekorieren.

Calvados, Tequila & Co.

Mango Tequila

5 cl Tequila, 1 cl Zitronensaft, 1/2 Mango, frische Minze

Geschältes Mangofleisch, eine Tasse gestoßenes Eis, Tequila und Zitronensaft in einem Elektromixer pürieren und in eine große Cocktailschale abseihen. Mit Minze dekorieren.

Margarita

4 cl Tequila, 2 cl Triple Sec, 2 cl Zitronensaft, Salz, Zitronensaft

Den Rand eines Cocktailglases in Zitronensaft und dann in Salz tauchen. Dann alle Zutaten im Shaker auf Eis mixen und vorsichtig in das vorbereitete Glas gießen. Nach Belieben dekorieren.

Calvados, Tequila & Co.

Smith & Wesson

**2 cl Amaretto,
4 cl Tequila,
4 cl Aprikosensaft,
Zucker,
Limette**

Tequila und Aprikosensaft im Shaker auf Eiswürfeln gut schütteln und in ein Longdrinkglas mit Zuckerrand auf Eis abseihen. Anschließend den Amaretto dazugeben. Mit Limettenspalten garnieren.

Tequila Sunrise

**6 cl Tequila,
10 cl Orangensaft,
2 cl Grenadine,
1 cl Zitrone,
Orangenscheibe,
Cocktailkirsche**

Tequila, Zitrone und Grenadine in ein hohes Longdrinkglas auf gestoßenes Eis geben und mit Orangensaft auffüllen. Mit Orangenscheibe und Kirsche dekorieren.

Maria Theresia

3 cl Tequila, 1,5 cl Preiselbeersaft, 2 cl Limettensaft, Eiswürfel

Tequila, Preiselbeersaft und Limettensaft mit einigen Eiswürfeln im Shaker kräftig schütteln. In ein kleines Cocktailglas abseihen.

Calvados, Tequila & Co.

Erdbeer Margarita

10 cl Erdbeerlikör, 4 cl Tequila, 1 cl Zitronensaft, Eiswürfel, Erdbeeren, Zitronensaft, Zucker

Den Erdbeerlikör und den Tequila mit Zitronensaft und Eiswürfeln im Shaker kräftig schütteln. Anschließend über ein Barsieb in eine Cocktailschale mit Zuckerrand gießen. Mit Erdbeeren garnieren.

Calvados, Tequila & Co.

Frozen Margarita

1 Limette, Salz, 4 cl Tequila, 1 EL Orangenlikör, gestoßenes Eis

Die Limette abwaschen und halbieren. 1/2 Limette auspressen. Mit der anderen Hälfte den Rand eines Cocktailglases einreiben und diesen dann in Salz tauchen. Tequila mit Limettensaft, Orangenlikör und gestoßenes Eis in einen Mixer geben und zu einer zähflüssigen Eismasse vermixen.

Paso Doble

1 Tasse starker, aromatischer Kaffee, Zucker, 4 cl Tequila, Eiswürfel

Kaffee aufgießen und nach Belieben süßen. Abkühlen lassen und in den Kühlschrank stellen. Den gut gekühlten Kaffee zusammen mit dem Tequila auf Eiswürfel in ein Glas gießen.

Calvados, Tequila & Co.

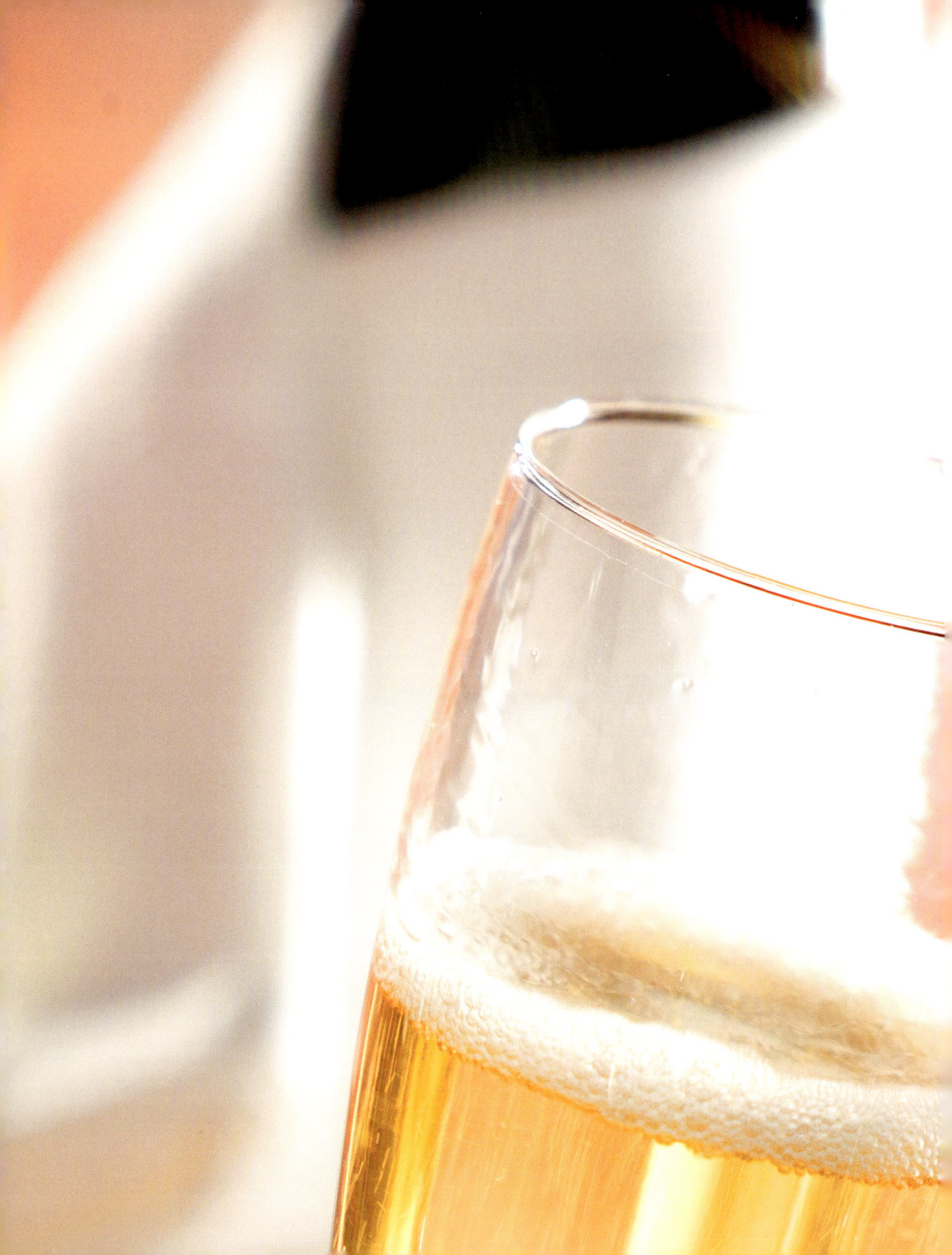

Sekt & Champagner

Bellini

**5 cl Pfirsichsaft,
1 Spritzer Apricot Brandy,
Champagner**

Pfirsichsaft und Apricot Brandy im Champagnerkelch verrühren und mit Champagner auffüllen.

Champagner-Drink

1 Stück Würfelzucker, 1 Spritzer Angostura, Champagner

Etwas Angostura auf den Würfelzucker träufeln. In ein Sektglas legen und mit Champagner auffüllen.

Sekt & Champagner

French 75

3 cl Gin, 1 cl Zitronensaft, 1 TL Zuckersirup, Champagner

Gin, Saft und Sirup im Shaker auf Eis gut mixen, in Champagnerglas abseihen und mit Champagner auffüllen.

Kir Royal

1 cl Crème de Cassis, Champagner

Crème de Cassis (je nach persönlichem Geschmack kann man die Menge variieren) in einen Sektkelch geben und mit Champagner auffüllen.

Ritz Cocktail

2 cl Weinbrand, 2 cl Cointreau, 2 cl Orangensaft, Sekt

Alle Zutaten ohne Sekt im Shaker auf Eiswürfeln kräftig schütteln und mit Sekt auffüllen.

Eden Rocks

3 cl Kirschwasser, 1 Barlöffel Himbeersirup, eisgekühlter Champagner, 1 Orangenspalte

Kirschwasser und Himbeersirup in einem Sektkelch verrühren. Mit eisgekühltem Champagner auffüllen und mit der Orangenspalte dekorieren.

Arise My Love

1,5 cl weiße Crème de Menthe, eisgekühlter Champagner

Crème de Menthe in eine Champagnerflöte geben und mit eisgekühltem Champagner auffüllen.

Flying Beauty

2 cl Gin, 2 cl Cointreau, 2 cl Zitronensaft, eisgekühlter Champagner, 1 Orangenscheibe, 3 Eiswürfel

Gin, Cointreau, Zitronensaft und die Eiswürfel im Shaker kräftig schütteln. In eine Champagnerflöte abseihen und mit eisgekühltem Champagner auffüllen. Mit der Orangenscheibe garnieren.

James Bond

**4 cl Wodka,
4 Spritzer Angostura,
Champagner**

Wodka mit Angostura im Shaker auf Eis kräftig schütteln, in eine Sektflöte geben und mit Champagner auffüllen.

Italian Gipsy

4 cl Aperol,
4 cl Orangensaft,
eisgekühlter Sekt,
1 Erdbeerscheibe

Aperol und Orangensaft in einem Sektkelch verrühren. Mit eisgekühltem Sekt auffüllen und mit der Erdbeerscheibe dekorieren.

Sekt & Champagner

Rock'n'Roll

3 cl Apricot Brandy, 3 cl Pisco Brandy, 12 cl eisgekühlter Champagner, 1 dünne Zitronenscheibe, Eiswürfel

Brandy mit einigen Eiswürfeln im Shaker schütteln. In eine Cocktailschale abseihen, mit eisgekühltem Champagner auffüllen und mit der Zitronenscheibe dekorieren.

Imperial Delight

3 cl Cognac, 3 Spritzer Curaçao Triple Sec, 3 Spritzer Fernet Branca, eisgekühlter Champagner

Cognac, Curaçao und Fernet Branca verrühren. Mit eisgekühltem Champagner auffüllen.

Catch Me

2 cl Southern Comfort, 4 cl Mineralwasser, eisgekühlter Sekt, 1/2 Orangenscheibe, 1 Cocktailkirsche

Southern Comfort und Mineralwasser in einer Sektflöte verrühren. Mit eisgekühltem Sekt auffüllen und mit der Orangenscheibe und der Cocktailkirsche servieren.

Flying

2 cl Gin, 2 cl Triple Sec, 2 cl Zitronensaft, Eiswürfel, Sekt, 1 Cocktailkirsche

Gin, Triple Sec und Zitronensaft mit Eiswürfeln im Shaker kräftig schütteln. Danach in eine Cocktailschale abgießen und mit Sekt auffüllen. Die Cocktailkirsche hinzugeben.

Sekt & Champagner

Bowle- & Punschrezepte

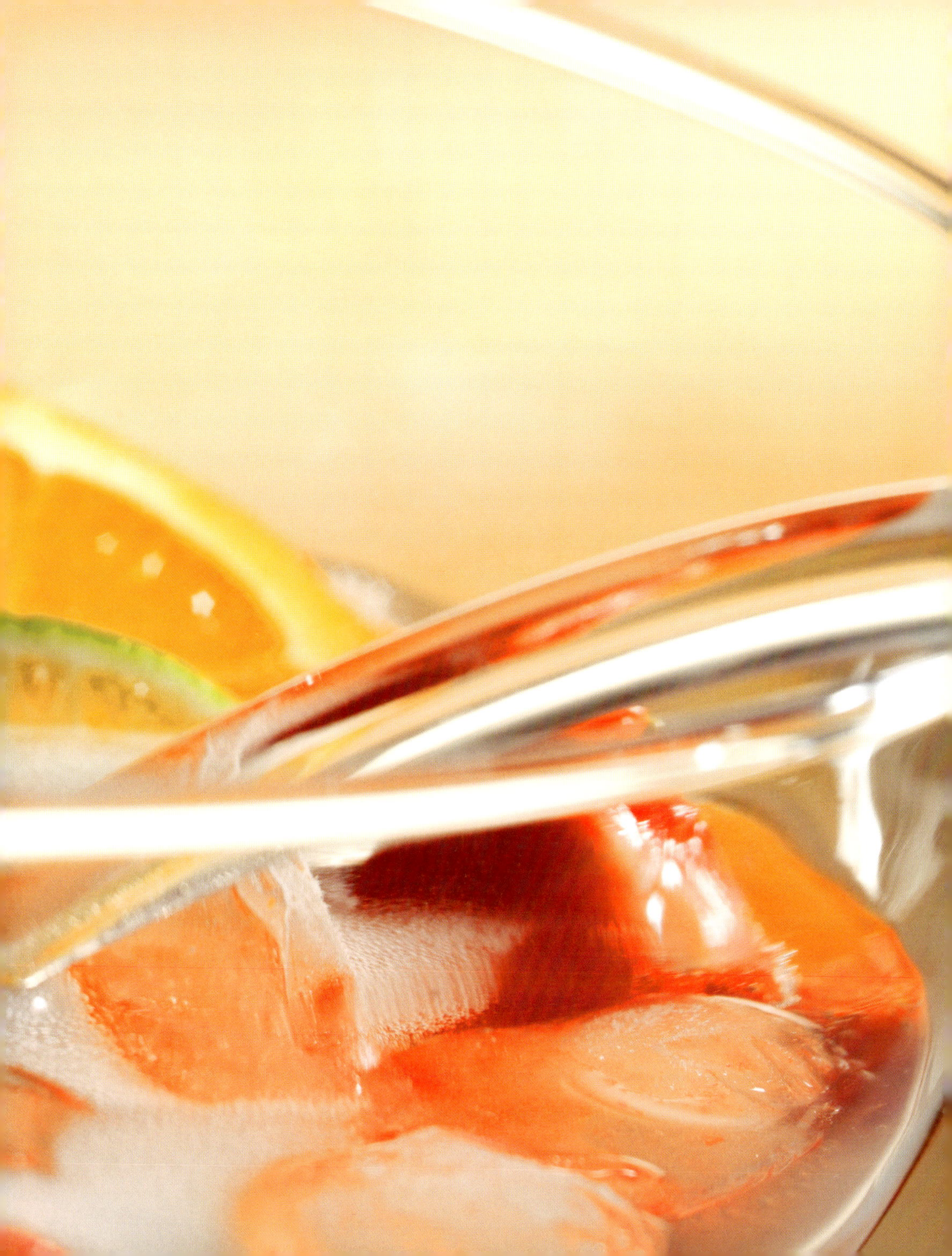

Sommernachts-Bowle

500 g frische Sauerkirschen, 2 reife Birnen, 1 Orange, 4 cl Kirschlikör, Saft von 1 Orange, 1 EL Zucker, 1/2 Zimtstange, 2 Flaschen Roséwein, 1 Flasche Sekt

Kirschen waschen und entsteinen. Birnen schälen, Kerngehäuse entfernen und in Spalten schneiden. Orange inklusive der weißen Haut schälen und in dünne Scheiben schneiden. Alle Früchte in ein Bowlegefäß geben. Mit Likör, Saft, Zucker und Zimtstange vermischen. Mit gekühltem Roséwein bedecken. Zugedeckt 3–4 Stunden im Kühlschrank ziehen lassen. Kurz vor dem Servieren die Zimtstange herausnehmen. Mit dem eisgekühlten Sekt auffüllen.

Maibowle

1 Büschel Waldmeister ohne Blüten, 2 Flaschen milder Weißwein, 1 Honigmelone, 5 EL Crème de Menthe, 1 Flasche Sekt

Den Waldmeister waschen, trocken tupfen, an einen Holzlöffelstiel binden und in ein Bowlegefäß hängen. Mit gekühltem Weißwein übergießen. Abgedeckt an einem kühlen Platz etwa 1/2 Stunde ziehen lassen. Die Melone halbieren, entkernen und mit einem Kugelausstecher Kugeln aus dem Fruchtfleisch lösen. Waldmeister aus dem Gefäß nehmen, die Melonenkugeln und den Pfefferminzlikör hineingeben. Mit eisgekühltem Sekt auffüllen und umrühren.

Bowle- & Punschrezepte

Bananen-Beeren-Bowle

300 g Beeren (z. B. Brombeeren, Himbeeren, Johannisbeeren), 100 g Zucker, 4 mittelgroße Bananen, 1/8 l Weinbrand, 1 Flasche nicht zu trockener Weißwein, 1 Flasche halbtrockener Sekt

Beeren waschen und zuckern. Bananen schälen, in nicht zu dicke Scheiben schneiden und einige Zeit im Weinbrand ziehen lassen. Kurz vor dem Servieren die Beeren und die Bananenscheiben in ein Bowlegefäß geben, mit gut gekühltem Wein und Sekt aufgießen und in Bowlegläser füllen.

Rosen-Bowle

7–8 ungespritzte Rosenblüten
(stark duftend),
50 g Zucker,
4 cl Weinbrand,
2 Flaschen trockener Weißwein,
250 ml Crème de Cassis,
1 Flasche Sekt,
Rosenblätter

Die Rosenblätter verlesen, waschen und gut abtropfen lassen. Blüten mit dem Zucker bestreuen, mit Weinbrand und 1 Flasche Wein übergießen und mindestens 1 Stunde kühlen. Dann die Flüssigkeit in ein Bowlegefäß abseihen. Mit eisgekühltem Wein, Crème de Cassis und Sekt auffüllen und mit Rosenblättern dekorieren.

Sangria

1 Honigmelone, 2 Orangen, 1/2 l frisch gepresster Orangensaft, 1 l Rotwein, Zucker, Eiswürfel

Das Fruchtfleisch der Melone in Stücke schneiden. Die Orangen in dünne Scheiben schneiden. Mit Orangensaft und Rotwein in einen Bowlekrug geben, eventuell mit Zucker süßen. 1 Stunde ziehen lassen und mit Eiswürfeln servieren.

Zitrus-Bowle

4 Orangen, 4 Grapefruits, 4 EL Zucker, 10 cl Amaretto, 1 l trockener Weißwein, Saft von 1/2 Zitrone, 1 Flasche trockener Sekt

Orangen und Grapefruits inklusive der weißen Haut abschälen. Fruchtfilets herauslösen und den Saft auffangen. Fruchtfilets und -saft in ein Bowlegefäß geben, mit Zucker bestreuen und mit Amaretto übergießen. Früchte ca. 1 Stunde zugedeckt ziehen lassen. Gut gekühlten Weißwein zufügen, mit Zitronensaft abschmecken und mit eisgekühltem Sekt auffüllen.

Kürbis-Bowle

400 g Kürbisfleisch, 1 Limette, 1 EL Zucker, 1 Flasche Traubensaft, 1 Flasche Mineralwasser, 1 Flasche Sekt

Mit einem Kugelausstecher das entkernte Kürbisfleisch herauslösen und in ein Bowlegefäß geben. Limette in dünne Scheiben schneiden, die Hälfte der Scheiben auf die Kürbisbällchen geben und den Zucker daraufstreuen. Den Saft angießen und 2–3 Stunden kühl stellen. Mit Mineralwasser und Sekt aufgießen und die restlichen Limettenscheiben zugeben.

Mirabellen-Bowle

750 g Mirabellen (gewaschen, entsteint und in Spalten geschnitten), 1–2 EL Grenadine, Saft von 4 Orangen, 2 Flaschen trockener Weißwein, 1 Flasche Sekt

Die Früchte in ein Bowlegefäß geben und mit Grenadine und Orangensaft mischen. Eisgekühlten Weißwein darübergießen, bis die Früchte bedeckt sind. Zugedeckt 3–4 Stunden im Kühlschrank durchziehen lassen. Kurz vor dem Servieren mit dem restlichen Weißwein und dem eisgekühlten Sekt auffüllen.

Johannisbeer-Bowle

500 g rote Johannisbeeren, 250 g Brombeeren, 2 Limetten, 1 EL Puderzucker, 4 cl Brombeerlikör, 1/4 l roter Johannisbeersaft, 2 Flaschen Roséwein, 1 Flasche Sekt

Die Beeren waschen. Limetten schälen und in dünne Scheiben schneiden. Früchte in ein Bowlegefäß geben, mit Puderzucker bestreuen und mit Brombeerlikör vermischen. Johannisbeersaft darübergießen und mit Wein auffüllen, bis die Früchte bedeckt sind. 3–4 Stunden kühlen. Kurz vor dem Servieren mit restlichem Wein und eisgekühltem Sekt auffüllen.

Melonen-Bowle

1 kleine Melone, 100 g Zucker, 2 Päckchen Vanillezucker, geriebener Ingwer, 4 cl Weinbrand, 2 Flaschen Rotwein, 1 Flasche Selterswasser (oder Sekt)

Die Melone halbieren, entkernen, schälen und in kleine Würfel schneiden. Die Würfel in ein Bowlegefäß geben, Zucker, Vanillezucker und geriebenen Ingwer nach Geschmack darübergeben, mit Weinbrand übergießen und mit Rotwein auffüllen, bis die Früchte bedeckt sind. Das Bowlegefäß auf Eis stellen und die Früchte 1 Stunde ziehen lassen. Zum Servieren den restlichen Rotwein zugeben und mit Wasser auffüllen.

Bowle- & Punschrezepte

Apfel-Bowle

6 säuerliche Äpfel,
Zucker,
Saft von 2 Zitronen,
8 cl Calvados,
1 Flasche Apfelsaft,
1 Flasche Apfelwein,
2 Flaschen kohlensäurehaltiges Mineralwasser,
Zitronenmelisse

Äpfel schälen, vierteln, entkernen und in feine Scheiben schneiden. Sofort zuckern, mit Zitronensaft und Calvados vermengen. Mit dem Apfelsaft begießen, bis sie bedeckt sind, und über Nacht an einem kühlen Platz durchziehen lassen. Äpfel in ein Bowlegefäß geben, mit eiskaltem Apfelwein und dem restlichen Apfelsaft auffüllen und umrühren. Mineralwasser hinzufügen und mit Zitronenmelisse dekorieren.

Feuerzangenbowle

2 Flaschen Rotwein, Saft von 1 Zitrone, Saft von 1 Orange, 1 Zuckerhut, 1/2 l Rum

Den Rotwein in einem Feuerzangenbowle-Kessel erhitzen. Säfte dazugeben. Quer über den Kessel die Feuerzange legen und den Zuckerhut daraufstellen. Mit etwas Rum übergießen und einziehen lassen. Anschließend anzünden. Langsam den restlichen Rum über den Zucker träufeln, bis dieser ganz geschmolzen und in den Kessel getropft ist.

Ananas-Bowle

1 mittelgroße Ananas,
150–200 g Zucker,
2 cl Gin,
2 cl Curaçao,
2 Flaschen Weißwein,
2 Flaschen Selterswasser (oder Sekt),
Zuckersirup zum Abschmecken

Die Ananas schälen, das feste Mittelstück entfernen, Fruchtfleisch in Stücke schneiden und in ein großes Bowlegefäß geben. Ananas mit Zucker bestreuen und mit Gin, Curaçao und einer Flasche Weißwein übergießen. 2–3 Stunden ziehen lassen. Die zweite Flasche Weißwein und das Wasser dazugeben und mit dem Sirup abschmecken.

Indischer Muskatpunsch

1 l starker indischer Tee, Zucker, 2 Zitronen, 1/2 Flasche Rotwein, 1/8 l Rum, 1/8 l Weinbrand, Muskatnuss

Den Tee mit Zucker süßen. Zitronen waschen, eine Zitronenschale abreiben und den Abrieb dazugeben, die Früchte in Scheiben schneiden. Danach Rotwein, Rum und Weinbrand hinzufügen. Den Punsch erhitzen, mit geriebener Muskatnuss und dem Saft der Zitronen abschmecken. Zum Servieren Gläser mit dem Punsch füllen und die Zitronenscheiben darauf verteilen.

Apfel-Kiwi-Bowle

1 großer, grüner Apfel, 3 Kiwis, 1 Bund Minze, 2 EL Puderzucker, Saft von 1 Zitrone, 2 Flaschen milder Weißwein, 1 Flasche Sekt

Den Apfel gut waschen und mit Schale in hauchdünne Scheiben hobeln. Kiwis schälen und in Stücke schneiden. Minzeblättchen fein hacken. Alles in ein Bowlegefäß geben, mit Puderzucker bestäuben und mit Zitronensaft beträufeln. Zugedeckt etwa 30 Minuten durchziehen lassen. Kurz vor dem Servieren mit dem gut gekühlten Wein und dem Sekt auffüllen.

Glühwein Spezial

1 Flasche Weißwein, 2 Flaschen Rotwein, 200 g Zucker, 5 Nelken, 1 Stange Zimt

Alle Zutaten erhitzen, bis sich der Zucker gelöst hat. Die Zimtstange und die Nelken aus dem Glühwein entfernen. Alles in hitzebeständige Gläser füllen und heiß servieren.

Silvesterpunsch

3 Nelken, 1/2 Zimtstange, 300 g Zucker, 1 Zitrone, 2 Flaschen Rotwein, 1/4 l Rum

500 ml Wasser mit den Gewürzen und dem Zucker 5 Minuten kochen. Die Zitrone waschen, trocknen, in Scheiben schneiden und die Kerne entfernen. Den Rotwein und die Zitrone zum Zuckerwasser geben. Alles erneut erhitzen, ohne es kochen zu lassen. Den Punsch durchseihen, Rum dazugeben und heiß servieren.

Bowle- & Punschrezepte

Johannisbeer-Brombeer-Bowle

500 g rote Johannisbeeren, 250 g Brombeeren, 2 Limetten, 1 EL Puderzucker, 4 cl Brombeerlikör, 1/4 l roter Johannisbeersaft, 2 Flaschen Roséwein, 1 Flasche Sekt, Zitronenmelisseblättchen

Beeren waschen. Limetten schälen und in dünne Scheiben schneiden. Alle Früchte in ein Bowlegefäß geben und mit Zucker bestreuen. Mit Likör vermischen, Saft darübergießen und mit Roséwein auffüllen, bis die Früchte bedeckt sind. 3–4 Stunden kühlen. Kurz vor dem Servieren mit dem restlichen Wein und dem eisgekühlten Sekt auffüllen und etwas Zitronenmelisse in die Bowle geben.

Bowle- & Punschrezepte

Beeren-Rhabarber-Bowle

*500 g Erdbeeren, 2 Stangen Rhabarber, 200 g Zucker,
3 Flaschen Weißwein, 1 Flasche Sekt*

Die Erdbeeren waschen, entstielen und große Früchte halbieren. Rhabarber waschen und in dünne Scheiben schneiden. Erdbeeren und Rhabarberscheiben in ein Bowlegefäß geben, zuckern und 1 Flasche Wein dazugießen. 1 Stunde abgedeckt im Kühlschrank ziehen lassen. Anschließend den restlichen Wein und kurz vor dem Servieren den eisgekühlten Sekt dazugießen.

Pfefferminz-Melonen-Bowle

1 Honigmelone, 8 EL Zitronensaft, 1 EL Puderzucker, 4 cl Pfefferminzlikör, 1 Flasche Sekt

Die Melone halbieren, entkernen und das Fruchtfleisch klein würfeln. Den Saft mit Puderzucker verrühren, mit dem Likör vermischen und auf die Melonenwürfel geben. Die marinierten Melonenwürfel kühl stellen. Vor dem Servieren auf Gläser verteilen und mit Sekt auffüllen.

Erdbeer-Fruchtbowle

*750 g frische Erdbeeren, 75 g Zucker, 1 Zitrone, 1 Orange,
1 Flasche trockener Weißwein, 1 Flasche Sekt, Minzeblättchen*

Die halbierten Erdbeeren mit Zucker in ein Bowlegefäß geben. Zitrusfrüchte waschen, dünn abschälen und die Hälfte der Schalen in feine Streifen schneiden. Früchte auspressen. Saft und Zesten mit den Erdbeeren mischen und kühl stellen. Nach etwa 2 Stunden den Erdbeersaft abgießen, umrühren, den Wein angießen und 2 Stunden ruhen lassen. Anschließend Sekt zugießen und umrühren. Jedes Glas mit Zitrusschale und Minzeblättchen dekorieren.

Wassermelonen-Bowle

1 Wassermelone,
10 cl Apfelsaft,
2 EL Zucker,
2 Flaschen trockener Weißwein,
2 Flaschen Sekt

Die Melone halbieren und die Kerne entfernen. Mit einem Kugelausstecher das Fruchtfleisch herauslösen. Die Melonenkugeln in ein Bowlegefäß geben und Apfelsaft, Zucker und 1 Flasche Wein aufgießen. Etwa 2 Stunden kühl stellen. Anschließend die Bowle mit restlichem Wein und Sekt auffüllen und nach Belieben garnieren.

Bowle- & Punschrezepte

Exotische Fruchtbowle

4 Kiwis,
1 kleine Ananas,
1 Mango,
1 Papaya,
200 g Zucker,
2 Päckchen Vanillezucker,
1 Flasche Orangensaft,
2 Flaschen Weißwein,
1 Flasche Mineralwasser,
2 Bund Zitronenmelisse

Die Kiwis schälen und in Scheiben schneiden. Ananas und Mango schälen und das Fruchtfleisch würfeln. Die Papaya schälen, halbieren, entkernen und würfeln. Alle Früchte in ein Bowlegefäß geben, mit Zucker und Vanillezucker bestreuen und ca. 15 Minuten im Kühlschrank ziehen lassen. Den gut gekühlten Saft, den Wein und das Wasser angießen, Eiswürfel unterziehen und weitere 30 Minuten kühl stellen. Die klein geschnittene Zitronenmelisse kurz vor dem Servieren nach Belieben unter die Bowle ziehen.

Tomaten-Bowle

500 g Tomaten, Saft von 3 Zitronen, 1/4 TL abgeriebene Zitronenschale, 100 g Zucker, 1 TL Paprikapulver, 2 Flaschen Weißwein, 1 Flasche Sekt, einige Zitronenscheiben

Die Tomaten waschen, häuten und pürieren. Das Püree mit Zitronensaft und -schale, dem Zucker, Paprika und 1/2 Flasche Wein ansetzen. Nach 1 Stunde in ein Bowlegefäß durchseihen. Restlichen Wein und Sekt dazugeben. In jedes Glas 1 Scheibe Zitrone geben und die Bowle eingießen.

Aprikosen-Melonen-Bowle

*250 g Aprikosen, 1 Wassermelone, 2 cl Grenadine, Saft von 1 Zitrone,
Saft von 2 Orangen, 2 Flaschen milder Weißwein, 1 Flasche Sekt, eisgekühlt*

Aprikosen enthäuten, entkernen und das Fruchtfleisch in Spalten schneiden. Melone vierteln und entkernen. Mit einem Kugelausstecher kleine Kugeln herauslösen. Früchte in ein Bowlegefäß geben. Grenadine, Zitronen- und Orangensaft untermischen. Mit Weißwein bedecken und zugedeckt 4 Stunden kühlen. Vor dem Servieren mit dem restlichen Weißwein und dem Sekt auffüllen.

Rotkäppchen-Bowle

500 g Zucker, 2 Limetten, 3 Flaschen Rotwein, 1 Flasche Weißwein, 1/2 Flasche Weinbrand, 1 l starker Tee, 2 Flaschen roter Sekt

Zucker mit Saft und abgeriebener Schale der Limetten, dem Rotwein und dem Weißwein in einem Topf ziehen lassen. Nach 2 Stunden bis fast zum Kochen erhitzen. Topf vom Herd nehmen. Den Weinbrand und den Tee einrühren. Wenn der Ansatz fast erkaltet ist, mit dem roten Sekt auffüllen.

Calvados-Bowle

8 cl Calvados, 1/2 l Orangensaft, 2 cl Grenadine, 2 Spritzer Zitronensaft, Eiswürfel, 1/2 l Cidre, 1 Zitronenscheibe

Calvados, Orangensaft, Grenadine und Zitronensaft im Shaker auf Eis kräftig schütteln, in eine Karaffe auf viel Eis seihen und anschließend den Cidre und die Zitronenscheibe hinzufügen.

Fruit Punch

700 ml l weißer Rum, 25 cl Ananassaft, 25 cl Orangensaft, 12 cl Zitronensaft, Zuckersirup, 1 1/2–2 Flaschen Ginger Ale, Orangen- und Zitronenscheiben

Rum und die Säfte in ein Bowlegefäß geben. Zuckersirup nach Geschmack hinzufügen und einige Stunden kalt stellen. Vor dem Servieren mit Ginger Ale auffüllen und mit Zitronen- und Orangenscheiben dekorieren.

Hot Drinks

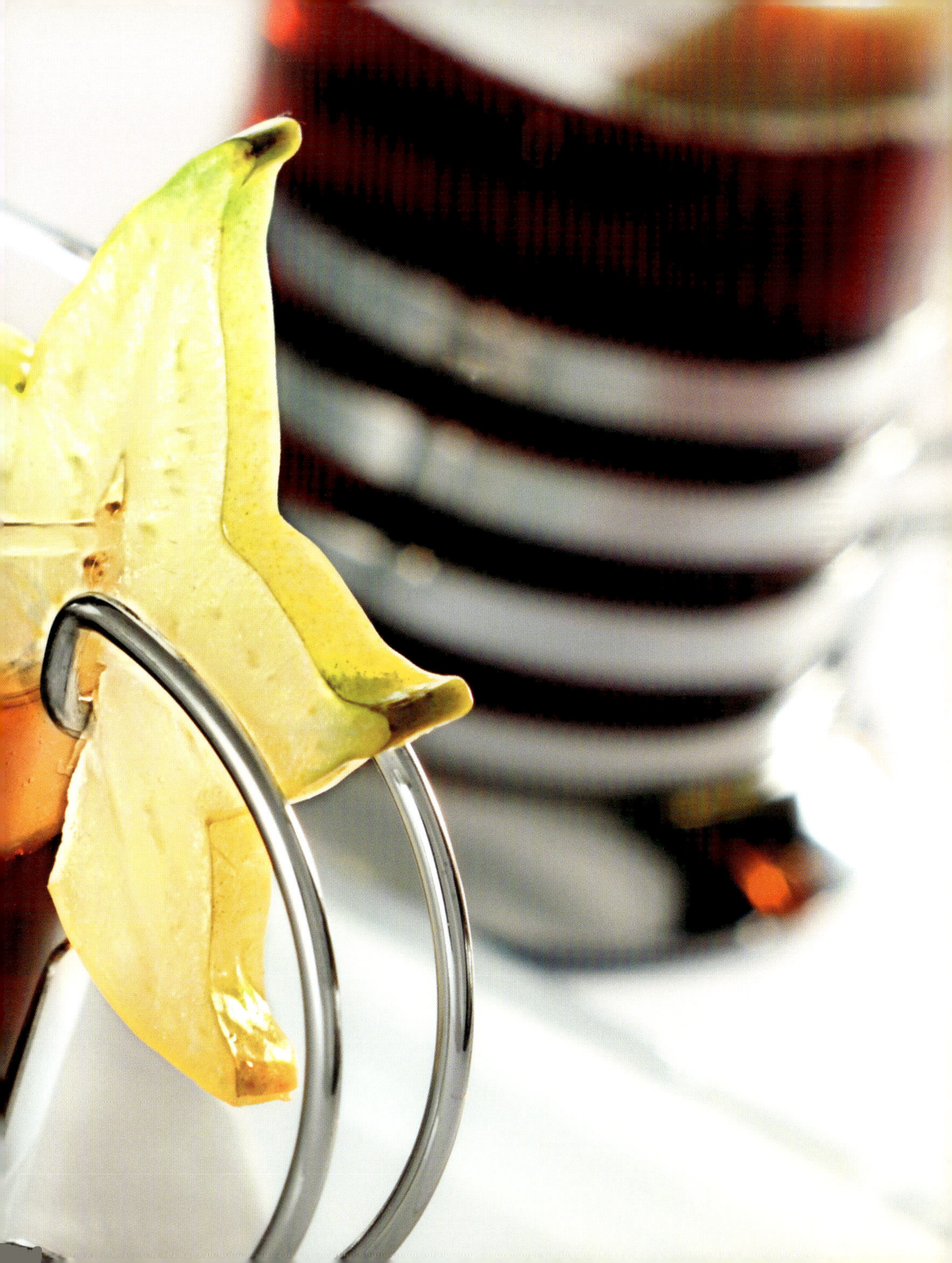

Bacardi Fireside

**2–4 cl weißer Rum,
1 TL Zucker oder Kandis,
1 Tasse schwarzer Tee,
1 Zitronenscheibe,
1 Zimtstange**

Zucker und Zitronenscheibe in ein großes Tee- oder Grogglas geben. Den Rum zufügen und mit dem heißen Tee auffüllen. Zimtstange hineingeben.

Bananacup

**2 TL brauner Zucker, 1 Tasse starker Kaffee, 2 cl Bananenlikör,
2 cl Kaffeelikör**

In einen großen Becher braunen Zucker geben, mit heißem Kaffee zu drei Vierteln auffüllen, umrühren und anschließend die Liköre dazugießen.

Hot Drinks

Black Mozart

*1/2 Tasse starker Kaffee, 1/2 Tasse Schokolade,
2 cl Mozartlikör, Schlagsahne*

Mit heißem Kaffee und heißer Schokolade ein hohes Glas zu drei Vierteln auffüllen. Nun den Mozartlikör hinzugeben und umrühren. Mit einer Sahnehaube garnieren.

Café Mexicaine

2 EL löslicher Kaffee, 2 EL Zucker, 1–2 EL Wasser, 2 gestoßene Nelken, 1 Messerspitze Zimt, 1 Messerspitze Ingwer, 1 Becher Schlagsahne, 2 Tassen löslicher Kaffee, 2 Schuss Tequila

Den löslichen Kaffee mit dem Zucker und Wasser schaumig rühren. Nelken, Zimt, Ingwer und die angeschlagene Sahne hinzugeben und wieder kräftig schaumig rühren. Auf zwei Tassen verteilen und mit dem heißen Kaffee auffüllen. In jede Tasse einen kräftigen Schuss Tequila geben.

Coffee Westindia

1 Tasse starker, heißer Kaffee, 2 TL Zucker, 1 Gewürznelke, 1/2 TL abgeriebene Orangenschale, 1 Likörglas weißer Rum, etwas Schlagsahne, 1 Zimtstange

Eine Tasse starken Kaffee filtern oder löslichen Kaffee aufgießen. Zucker, Gewürznelken, abgeriebene Orangenschale und Rum zugeben. Mit einer Haube aus Schlagsahne krönen. Die Zimtstange ersetzt den Löffel zum Umrühren.

Tee mit Rum

1 TL Assam Tee, 2 cl Rum, Zitronensaft, 2 TL Zucker, 1 Stange Zimt

Den Tee mit 200 ml heißem Wasser überbrühen und 5 Minuten ziehen lassen. Rum mit einigen Tropfen Zitronensaft und Zucker verquirlen. Mit dem Tee mischen und die Zimtstange dazugeben. Eventuell noch kurz erhitzen.

Heiße Kirsche

1 Ananasring aus der Dose, 1 EL Mandarinen aus der Dose, 12 Sauerkirschen aus dem Glas, 1/8 l Kirschlikör, 1/2 l schwarzer Tee, 2 TL Vanillezucker

Ananas, Mandarinen und Kirschen abtropfen lassen. Früchte in Stücke schneiden. Den Likör im Wasserbad erhitzen. Den frisch aufgegossenen Tee mit Vanillezucker süßen und in vier Punschgläser füllen. Früchte und Likör auf die Gläser verteilen.

Leichter Friese

4 TL schwarzer Tee, 75 g weißer Kandis, 75 ml roter Johannisbeernektar, 75 ml Rotwein, Zimtstangen

Tee mit 1/2 l kochendem Wasser aufgießen und drei Minuten ziehen lassen. Durch ein Sieb gießen und die Teeblätter dabei auffangen. Kandis und Johannisbeernektar, Rotwein und Zimtstangen erwärmen. Heißen Tee unter die Saft-Wein-Mischung rühren. Zimtstangen entfernen, Punsch in Gläser füllen und nach Belieben garnieren.

Domenico-Punsch

4 Portionsbeutel löslicher Cappuccino, 8 cl Wodka, 8 cl Kräuterlikör, 1 TL Zucker, 200 ml Schlagsahne, Schokoraspel, 4 Cocktailkirschen

Den Cappuccino zubereiten. Wodka und Likör mit dem Zucker erwärmen, anzünden und brennend in den Cappuccino gießen. In vier Gläsern mit geschlagener Sahne, Schokoraspeln und einer Kirsche servieren.

Pharisäer

1–2 TL löslicher Kaffee,
1 TL Zucker,
1 TL Kakaopulver,
4 cl Rum,
Schlagsahne und Schokospäne

Eine dreiviertel Tasse starken Kaffee aufgießen. In einer vorgewärmten Tasse oder einem Teeglas Zucker, Kakao und Rum verrühren und den heißen Kaffee dazugeben. Mit Schlagsahne und Schokospänen garnieren.

Drinks ohne Alkohol

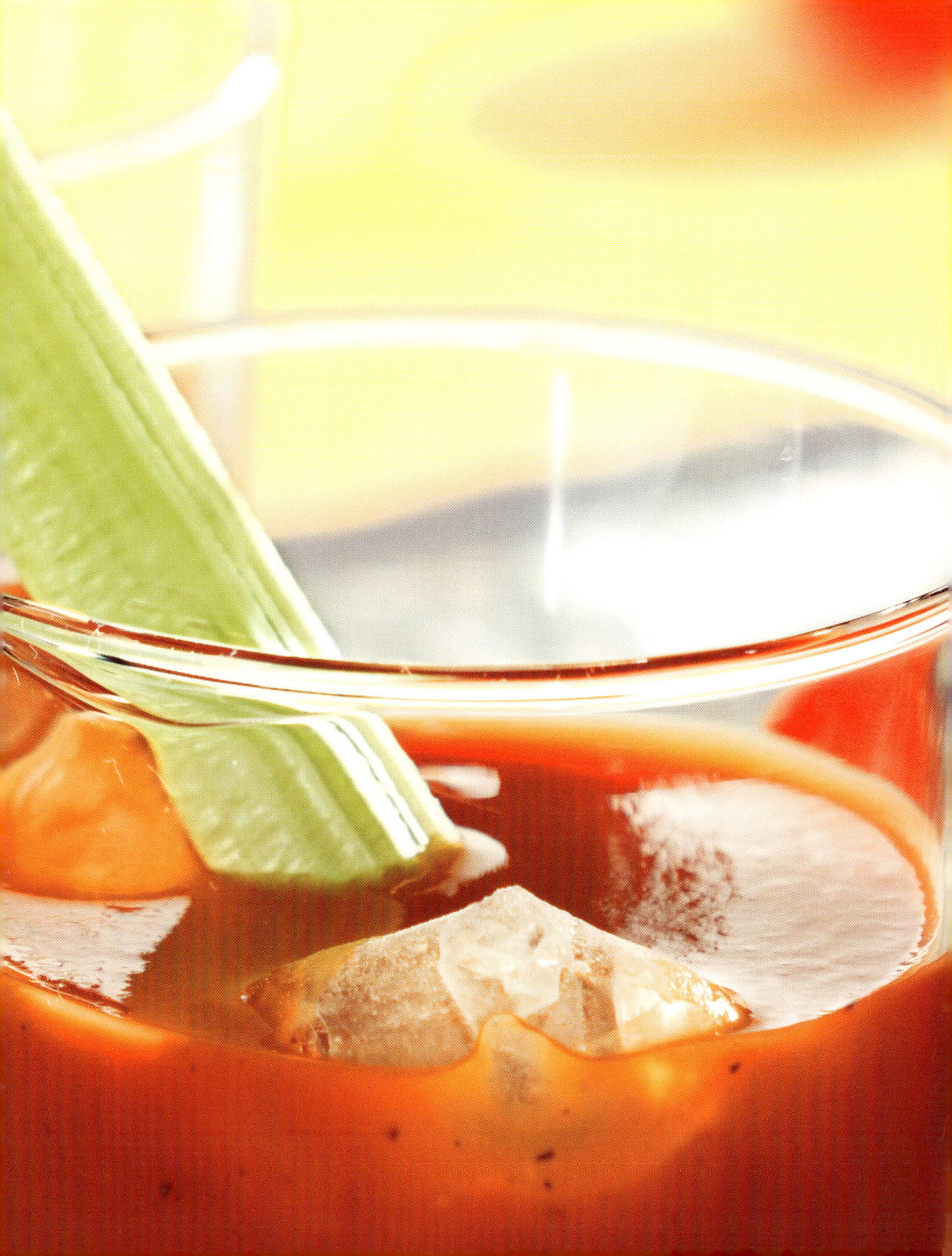

Banana-Summer

1/2 Banane, 1 Spritzer Bananensirup, 4 cl Milch, 4 cl Ananassaft, etwas Zitronen- oder Limettensaft, Limetten- oder Zitronenscheibe

Alle Zutaten mit zwei Esslöffeln gestoßenem Eis ca. 15 Sekunden im Elektromixer vermischen und in ein Longdrinkglas abgießen. Mit Limetten- oder Zitronenscheibe dekorieren.

Brown Coconut

**400 ml Kakao, 400 ml Kokosnusssaft, 4 Eigelb, 500 ml Schoko-Eiscreme,
4 TL Kokosraspeln, 4 TL löslicher Kakao**

Kalten Kakao, Koskosnusssaft und Eigelb im Mixer oder mit dem Mixstab schaumig rühren. Eiskugeln in vorgekühlte Gläser geben und rasch mit der Kakao-Mischung auffüllen. Mit Kokosraspeln und Kakao bestreuen. Mit Trinkhalm und Löffel servieren.

Drinks ohne Alkohol

Jogging Flip

6 cl frisch gepresster Orangensaft, 4 cl frisch gepresster Grapefruitsaft, 2 cl frisch gepresster Zitronensaft, 1 TL Grenadine, 1 Eigelb

Zutaten mit Eiswürfeln im Shaker gut mixen und in ein Longdrinkglas abseihen.

Drinks ohne Alkohol

Kiwi Dream

**1 Honigmelone, 2 Orangen, 1/2 l frisch gepresster Orangensaft,
1 l Rotwein, Zucker, Eiswürfel**

Das Fruchtfleisch der Melone in Stücke schneiden. Die Orangen in dünne Scheiben schneiden. Mit Orangensaft und Rotwein in einen Bowlekrug geben, eventuell mit Zucker süßen. 1 Stunde ziehen lassen und mit Eiswürfeln servieren.

Drinks ohne Alkohol

Nothing

6 cl roter JohannisbeernNektar, 4 cl Maracujanektar, 2 cl Orangensaft, 1 EL geschlagenes Eiweiß, Mineralwasser

Säfte und Eiweiß im Shaker gut mixen, in ein Longdrinkglas abseihen und mit Mineralwasser auffüllen.

Drinks ohne Alkohol

Pussy Cat

5 cl Orangensaft, 5 cl Ananassaft, 2 cl Sahne, 2 cl Blue Curaçao alkoholfrei

Säfte, Sahne und den alkoholfreien Curaçao im Shaker gut mixen und in ein Longdrinkglas abseihen.

Drinks ohne Alkohol

Strawberry Fields

2 cl Erdbeersirup, 4 cl Birnensaft, 3 cl Zitronensaft, 6 cl Aprikosensaft, kohlensäurehaltiges Mineralwasser, Sahnehaube, Erdbeere

Sirup und Säfte über Eis in einem Shaker kurz und kräftig schütteln. In eine tiefe Cocktailschale auf gestoßenes Eis abseihen und mit kohlensäurehaltigem Mineralwasser auffüllen. Mit Erdbeere und Trinkhalm servieren.

Drinks ohne Alkohol

Virgin Colada

**50 ml Kokosmilch,
50 ml Ananassaft,
50 ml Sahne,
gestoßenes Eis,
1 Ananasschnitz,
1 Physalis**

Kokosmilch, Ananassaft und Sahne im Shaker gut miteinander mischen. Gestoßenes Eis in ein Longdrinkglas geben. Den Cocktail in das Glas füllen und mit dem Obst garnieren.

Drinks ohne Alkohol

Virgin Apricot Fizz

6 cl Aprikosensaft,
2 cl Orangensaft,
2 cl Zitronensaft,
1 cl Mandelsirup,
Eiswürfel,
Sodawasser,
1 Orangenscheibe

Alle Zutaten außer der Orangenscheibe und dem Sodawasser im Shaker auf Eiswürfeln kräftig schütteln. In ein Longdrinkglas auf Eiswürfel abseihen und mit Sodawasser auffüllen. Den Cocktail mit der Orange garnieren.

Drinks ohne Alkohol

Green Banana

**1 EL Zitronensaft, 3 cl Pfefferminzsirup, 1 cl Blue Curaçao alkoholfrei,
1–2 Bananen, 200 ml Milch, 100 ml Ananassaft**

Zitronensaft, Sirup und Blue Curaçao miteinander verrühren. Die Bananen schälen und in Scheiben schneiden. Milch mit Ananassaft verrühren. Alles in einem Shaker gut durchmixen. Drink in zwei Gläser füllen und servieren.

Drinks ohne Alkohol

Scarlett Dream

Grenadine, Zucker, 2 TL Limettensaft, 1 TL Zucker, 1 cl Himbeersirup, Eiswürfel, 100 ml Sodawasser

Für den rosa Crustarand die Gläser zunächst in Grenadine, dann in Zucker tauchen. Limettensaft mit Zucker und Himbeersirup verrühren. Mischung mit Eiswürfeln und Sodawasser in einen Shaker geben und kräftig schütteln. In zwei Gläser füllen und servieren.

Drinks ohne Alkohol

Frozen Strawberry

100 g Erdbeeren, 2 cl Zitronensaft, 2 cl Läuterzucker, 7 cl Ananassaft, gestoßenes Eis, Erdbeeren

Erdbeeren waschen und putzen. Alle Zutaten im Mixer sämig pürieren und auf zwei kleine Gläser verteilen. Mit Fruchtspießen servieren.

Drinks ohne Alkohol

Virgin Mary

100 ml Tomatensaft, 1 cl Zitronensaft, Salz, Pfeffer, Worcestersauce, Tabasco, Eiswürfel, 1 Stück Staudensellerie

Tomatensaft mit Zitronensaft und Gewürzen abschmecken und gut verrühren. In einen Tumbler 2–3 Eiswürfel geben und die Virgin Mary darübergießen. Mit Sellerie dekorieren.

Mistral

**2 TL Zucker,
6 cl Grapefruitsaft,
150 ml Mineralwasser,
1 Grapefruitschnitz**

Zucker und Grapefruitsaft in ein Longdrinkglas geben. Kräftig umrühren, bis sich der Zucker aufgelöst hat. Mit gekühltem Mineralwasser auffüllen, Eiswürfel nach Belieben hineingeben und mit Grapefruit dekorieren.

Drinks ohne Alkohol

Miami

14 cl Ananassaft, 1 cl Zitronensaft, 1 cl Zuckersirup, 1 cl Pfefferminzsirup, Eiswürfel, 1 Zitronenschnitz

Säfte und Sirup im Shaker gut schütteln und in einen Tumbler auf Eiswürfel abseihen. Mit Zitrone dekorieren.

Florida Cocktail

6 cl Ananassaft, 3 cl Zitronensaft, 1 cl Grenadine, Eiswürfel

Alle Zutaten mit Eis in einen Shaker geben und gut schütteln. Anschließend in eine Cocktailschale abseihen und nach Belieben dekorieren.

Drinks ohne Alkohol

Früchteflip

10 cl Kirschsaft, 5 cl Traubensaft, 1 Eigelb, gekühltes Mineralwasser, 5 entsteinte Kirschen, Eiswürfel

Säfte und Eigelb gut verrühren. Einige Eiswürfel in ein großes Cocktailglas geben, den Cocktail daraufgießen und mit gekühltem Mineralwasser auffüllen. Die entsteinten Kirschen in das Glas geben und nach Belieben dekorieren.

Surfertraum

4 cl weißer Traubensaft, 6 cl Kiwisaft, 4 cl Bananensaft, 1 Eigelb, 4 cl Sahne, 4 cl Mineralwasser, einige Mangostückchen, Limettenspirale, Eiswürfel

Alle Zutaten, außer dem Mineralwasser und den Früchten, kräftig im Shaker schütteln und über die Eiswürfel in ein Cocktailglas abseihen. Mit Mangostückchen und Mineralwasser auffüllen und mit einer Limettenspirale garnieren.

Drinks ohne Alkohol

Tropic Fruit

2 cl frisch gepresster Zitronensaft, 8 cl frisch gepresster Orangensaft, 12 cl Ananassaft, 1 Ei, 0,5 cl Grenadine, 1 Zitronenscheibe, 1 Limettenscheibe, gestoßenes Eis, Eiswürfel

Säfte, Ei und Grenadine im Shaker mit mehreren Eiswürfeln gut schütteln und in ein Glas auf gestoßenes Eis abseihen. Mit der Zitronen- und Limettenscheibe dekorieren.

Drinks ohne Alkohol

Mandarinen-Shake

**4 cl Mandarinensirup, 6 cl Orangensaft, 4 cl Sahne, 1 Eigelb,
1 Spritzer Grenadine, Fruchtspieß, gestoßenes Eis**

Sirup, Saft, Sahne, Eigelb und Grenadine mit dem gestoßenen Eis in einen Shaker geben und gut schütteln. In ein Wasserglas gießen und mit einem Fruchtspieß dekorieren.

Drinks ohne Alkohol

Obstflip

**1 Orange, 100 g Pfirsiche (aus der Dose), 3 Eier, 4 EL Zucker,
500 g Joghurt, Mineralwasser**

Orange schälen und entkernen und mit den Pfirsichen im Mixer pürieren.
Eier, Zucker und Joghurt dazugeben und alles gut verrühren.
Auf 4 Schalengläser verteilen und mit Mineralwasser auffüllen.

Glacier Express

12 cl Grapefruitsaft, 4 cl Lime-Juice-Konzentrat, 2 cl Zitronensaft, 1 Cocktailkirsche, 1/2 Zitronenscheibe, 4 Eiswürfel

In einem Rührglas Eiswürfel, Grapefruitsaft, Lime-Juice-Konzentrat und Zitronensaft miteinander verrühren. In einen Tumbler abseihen und mit der Cocktailkirsche und der Zitronenscheibe dekorieren.

Drinks ohne Alkohol

High Colada

12 cl Ananassaft, 1 Eigelb, 2 cl Kokosnusscreme, 1 Ananasschnitz, gestoßenes Eis, Eiswürfel

Ananassaft, Eigelb und Kokosnusscreme im Shaker mit Eiswürfeln gut schütteln und in ein zu einem Drittel mit gestoßenem Eis gefülltes Glas abseihen. Mit dem Ananasschnitz servieren.

Drinks ohne Alkohol

Juanitas Mix

1/2 Glas Maracujasaft, 1/2 Glas Ananassaft, 1 EL Erdbeersirup, Mineralwasser

Säfte und Erdbeersirup in einen Shaker geben und gut mixen. In ein großes Glas geben, mit Mineralwasser auffüllen und nach Belieben dekorieren.

Drinks ohne Alkohol

Beerentraum

1/2 Banane, 1/2 Tasse frische Heidelbeeren, 1/2 Tasse frische Himbeeren, 1/2 Tasse frische Brombeeren, 50 g Joghurt, 1 EL zarte Haferflocken, Honig, etwas Milch

Die Banane schälen. Beeren, Banane, Joghurt und Haferflocken im Mixer auf höchster Stufe mixen. Die cremige Mischung mit etwas flüssigem Honig abschmecken. Ist das Getränk zu dickflüssig, lässt es sich gut mit etwas Milch verdünnen.

Maracuja-Mix

1 1/2 Orangen, 3 cm Schlangengurke, 1/2 Glas Maracujanektar, 1 EL Maracujasirup, 1/2 Glas Wasser, Orangenscheiben, gestoßenes Eis

Orangen auspressen, Fruchtfleisch der Gurke durch ein Sieb pressen. Die Gurke mit Orangensaft, Maracujanektar, Maracujasirup, Wasser und etwas gestoßenem Eis im Shaker gut schütteln. In ein Glas geben und mit den Orangenscheiben verzieren.

Drinks ohne Alkohol

Tropical Citrus

4 cl Orangensaft, 4 cl Grapefruitsaft, 4 cl Kokosnusssirup, 1 cl Zitronensaft, 1 TL Grenadine, 1 Zitronenstück, 1 Physalis, Eiswürfel

Saft und Sirup über die Eiswürfel in ein Longdrinkglas geben und mit dem Zitronenstück und der Physalis garnieren.

Melonen-Shake

1/2 Galiamelone, 1 Kiwi, 1/2 Glas Orangensaft, etwas brauner Zucker,
1 Spritzer Zitronensaft, 1 Zitronenstück, 1 Melonenstück, Eiswürfel

Fruchtfleisch von Melone und Kiwi durch ein Sieb streichen. Mit dem Orangensaft, Zucker und Zitronensaft im Shaker schütteln und auf Eiswürfel in ein Glas gießen. Mit dem Zitronen- und Melonenstück garnieren.

Drinks ohne Alkohol

Himbeerlimonade

Für 4 Gläser: 200 g Himbeermark, 10 ml Zitronensaft, 1/2 l Bitter Lemon, 1 Zitrone, 1/2 l eisgekühltes Mineralwasser

Himbeermark, Zitronensaft und Bitter Lemon in einer Karaffe verrühren und kalt stellen. Die Zitrone in Scheiben schneiden. Vor dem Servieren das eisgekühlte Mineralwasser und die Zitronenscheiben in die Limonade geben.

Erdbeer-Melonen-Dream

5 Erdbeeren, 1/4 Honigmelone, 1/4 Cantaloupemelone, 120 g Joghurt, etwas Milch, 1 Melonenschnitz, 2 Eiswürfel

Obst, Joghurt und Milch ca. 30 Sekunden im Mixer pürieren, die Eiswürfel hinzufügen und noch einmal für ca. 1 Minute mixen. Mit dem Melonenschnitz garniert servieren.

Drinks ohne Alkohol

Erdbeer-Honig-Shake

1/2 Kiwi, 1/2 Schale Erdbeeren, 6 cl Bananensaft, 180 ml Apfelsaft, 1 EL Honig, 1 Kiwischeibe

Kiwi fein hacken. Erdbeeren entsaften und mit den Kiwistücken, dem Bananen- und Apfelsaft und dem Honig im Shaker mischen. In ein Glas umfüllen und mit der Kiwischeibe dekorieren.

Melonen-Drink

**1/2 Orange,
1/2 Grapefruit,
1/8 Melone,
1/2 Banane,
Zimt,
geriebene Muskatnuss,
1 Grapefruitschnitz**

Saft von Orange und Grapefruit mit Melone und Banane im Mixer pürieren. Mit etwas Zimt und geriebener Muskatnuss abschmecken und in ein Longdrinkglas umfüllen. Mit dem Grapefruitschnitz garnieren.

Drinks ohne Alkohol

Maracuja-Shake

1 Maracuja, 1/2 Zitrone, 3 Orangen, 1/2 Glas Maracujanektar, 1/2 Glas gestoßenes Eis

Maracuja halbieren und auslöffeln. Zitrone und Orangen auspressen. Gestoßenes Eis in einen Mixer geben und Maracujanektar, Säfte und Fruchtfleisch zugeben. Alles ca. 30 Sekunden auf höchster Stufe mixen. In ein Glas geben und nach Belieben mit gestoßenem Eis auffüllen. Nach Belieben garnieren.

Drinks ohne Alkohol

Sunshine-Shake

2 1/2 Orangen, 1/2 Papaya, 1/4 Glas Möhrensaft, Ahornsirup, 1/2 Orangenscheibe, Eiswürfel

Orangen auspressen, Papaya durch ein Sieb pressen. Säfte im Mixer kurz durchmixen. Eiswürfel und Ahornsirup dazugeben und kurz untermixen. Shake sofort mit der Orangenscheibe garniert servieren.

Tropical Hit

200 ml Buttermilch, 125 ml Maracujasaft, 125 ml Birnensaft, Fruchtstücke zum Dekorieren, gestoßenes Eis

Buttermilch und Säfte mit dem Handmixer gut verquirlen. Gestoßenes Eis hinzugeben und nochmals kurz mixen. Eiskalt in hohen Gläsern mit Trinkhalmen und Fruchtspießen nach Belieben servieren.

Herbie

125 ml Buttermilch, 50 ml Möhrensaft, 2 EL Tomatenketchup, 1 EL Dill, Selleriesalz, weißer Pfeffer, Tabasco, Dillzweige

Buttermilch, Möhrensaft und Tomatenketchup mit gehacktem Dill im Mixer gut verquirlen. Das Getränk mit Selleriesalz, weißem Pfeffer und Tabasco abschmecken, in ein Glas füllen und mit Dillzweigen dekorieren.

Drinks ohne Alkohol

Marathon

100 ml Milch,
5 cl roter Traubensaft,
5 cl Orangensaft,
1 Eigelb,
1 TL Traubenzucker,
1 Orangenscheibe,
1 Sternfruchtscheibe,
1 Traube,
3–4 Eiswürfel

Milch, Säfte, Eigelb und Traubenzucker mit den Eiswürfeln im Shaker kräftig schütteln. In ein hohes Glas abseihen und mit der Orangenscheibe, Sternfruchtscheibe und Traube dekorieren.

Schlummertrunk

125 ml Vollmilch, 1 TL Honig, 1/2 TL brauner Zucker, 15 g helle und dunkle Schokoladenraspel, frisch geriebene Muskatnuss, 1 Zimtstange, gestoßenes Eis

Die Milch in einen Topf geben, leicht erwärmen, Honig und Zucker darin auflösen. Alles abkühlen lassen. Gestoßenes Eis in einen Shaker geben und die kalte Milch damit aufschütteln. In ein Cocktailglas gießen. Mit Schokoladenraspeln, Muskat und Zimtstange garniert servieren.

Drinks ohne Alkohol

Grüner Junge

1/2 Schlangengurke, 150 ml Kefir, 1 TL scharfer Senf, 1 EL gehackter Kerbel, 1/2 TL Sonnenblumenöl, Gurkenstückchen

Gurke klein schneiden. 100 g im Mixer mit Kefir, scharfem Senf, gehacktem Kerbel und Sonnenblumenöl mixen. Mit Salz und Pfeffer abschmecken, in ein Glas geben und mit Gurkenstücken garnieren.

Drinks ohne Alkohol

Shaking Helen

50 g Butterbirne, 1 Prise Nelkenpulver, 125 ml Milch, 1 Kugel Sahneeis, 40 g Schokosirup, Schokospäne oder Minze

Butterbirne, Nelkenpulver und Milch pürieren. Das Eis in ein Glas füllen und den Schokosirup daraufgießen. Mit der Birnenmilch auffüllen und mit Schokospänen oder Minze garnieren.

Orangen-Maracuja-Flip

8 cl Maracujasaft, 8 cl Orangensaft, 1 Eigelb, 0,5 cl Grenadine, 1 Cocktailkirsche, 1 Orangenschnitz, Eiswürfel

Säfte mit Eigelb und Grenadine im Shaker mit einigen Eiswürfeln schütteln und in ein vorgekühltes Glas seihen. Mit der Cocktailkirsche und dem Orangenschnitz dekorieren.

Drinks ohne Alkohol

Ipanema

1 gewaschene, geviertelte Limette, 3 cl Lime-Juice-Konzentrat, 3 Barlöffel brauner Zucker, Zitronenlimonade, gestoßenes Eis

Limette, Lime-Juice-Konzentrat und braunen Zucker in einem Cocktailglas mit einem Stößel zerdrücken. Etwas gestoßenes Eis dazugeben und mit der Zitronenlimonade auffüllen. Mit Trinkhalm servieren.

Drinks ohne Alkohol

Register

Acapulco	102	Berlin	160	Diabolo	150
Adam & Eve	46	Big Boy	49	Diplomat	157
After All	167	Bikinicocktail	136	Domenico-Punsch	240
Americano	144	Black Mozart	234		
Ananas Cobbler	95	Black Russian	126	Earthquake	118
Ananas-Bowle	214	Bloody Mary	127	Eden Rocks	191
Angel's Face	80	Blue Lagoon	128	Egg-Nogg	109
Angels Delight	70	Blue Moon	146	Eiskaffee flambiert	54
Aperol 86	154	Brandy Alexander	43	Eiskaffee Karibik	108
Apfel-Bowle	212	Brown Coconut	245	English Cobbler	99
Apfel-Kiwi-Bowle	216			Erdbeer Margarita	181
Apricot Cooler	164	Café Acapulco	106	Erdbeer-Frucht-	
Apricot Fizz	145	Café La Bamba	169	bowle	222
Aprikosen-Melonen-		Café Mexicaine	235	Erdbeer-Honig-	
Bowle	226	Café-Chocolat-Flip	170	Shake	274
Aqua Marina	138	Caipirinha	85	Erdbeer-Melonen-	
Arise My Love	192	Calvados-Bowle	228	Dream	273
Atlantis	139	Captain's Widow	72	Exotic	77
		Caribbean Sunset	48	Exotische	
B and B	42	Catch Me	198	Fruchtbowle	224
Bacardi Fireside	232	Champagner-Drink	187		
Bahia	104	Cococabana	100	Fallen Angel	66
Banana-Summer	244	Coffee Westindia	236	Feuerzangenbowle	213
Bananacup	233	Cognac Alexander	50	Fifth Avenue	47
Bananen-Beeren-		Cognac Sour	44	Florida Cocktail	259
Bowle	204	Cosmopolitan	140	Flying	199
Barfly's Dream	69	Cuba Libre	86	Flying Beauty	193
Barracuda	84			French 75	188
Beeren-Rhabarber-		Daiquiri	87	Frozen Margarita	182
Bowle	220	Daiquiri Key West	105	Frozen Strawberry	255
Beerentraum	268	Dame Blanche	166	Früchteflip	260
Bellini	186	Dandy	119	Fruit Punch	229

Gatsby	175	Johannisbeer-		Mistral	257
Gimlet	58	Brombeer-Bowle	219	Mojito	89
Gin and Sin	78	Juanitas Mix	267	Mokka-Eis-Flip	171
Gin Fizz	59	Just Now	134	Mokka-Fliß	55
Gin Old Fashioned	60			Monte Carlo	
Gin Tonic	61	Kamikaze	129	Cocktail	74
Glacier Express	265	Kir Royal	189	Montmartre	73
Glühwein Special	217	Kiwi Dream	247	Moulin Rouge	81
Green Banana	253	Kuba-Tee	107		
Green Coconut	163	Kürbis-Bowle	208	Napoleon	67
Green Lady	76			New Life	97
Grüner Junge	282	Leichter Friese	239	New Yorker	162
Gypsy Queen		Leviathan	155	Nothing	248
Cocktail	137	Liberty	98		
		London Fog	75	Obstflip	264
Harakiri Fizz	117	Luxury	52	Old Fashioned	113
Heartbeat	135			Orange Blossom	156
Heiße Kirsche	238	Mai Tai	88	Orangen-Maracuja-	
Herbie	279	Maibowle	203	Flip	284
High Colada	266	Mandarinen-Shake	263		
Highball	123	Mango Tequila	176	Pacific	65
Himbeerlimonade	272	Manhattan	112	Papa Ernesto	96
Hurricane	121	Maracuja-Mix	269	Paradise	53
		Maracuja-Shake	276	Paso Doble	183
Imperial Delight	197	Marathon	280	Peach Daiquiri	103
Indian River	120	Margarita	177	Pfefferminz-Melonen-	
Indischer Muskat-		Maria Theresia	180	Bowle	221
punsch	215	Marillen-Kaffee	168	Pharisäer	241
Ipanema	285	Marmon Cocktail	159	Pimms No. 1	147
Italian Gypsy	195	Melonen-Bowle	211	Piña Colada	90
Italian Lover	51	Melonen-Drink	275	Pink Elephant	91
		Melonen-Shake	271	Planter's Punch	92
Jamaica Glow	79	Mexican Snowball	174	Pussy Cat	249
James Bond	194	Miami	258		
Jogging Flip	246	Miami Beach	101	Ritz Cocktail	190
Johannisbeer-Bowle	210	Mirabellen-Bowle	209	Rob Roy	114

Rock'n'Roll	196	Sommernachts-		Vampire	153
Rosen-Bowle	205	Bowle	202	Vermouth Cocktail	151
Rotkäppchen-Bowle	227	Strawberry Fields	250	Virgin Apricot Fizz	252
Royal Smile	71	Sunshine-Shake	277	Virgin Colada	251
		Surfertraum	261	Virgin Mary	256
Sangria	206	Swimmingpool	132		
Savoy Hotel Spezial	68			Wassermelonen-	
Scarlett Dream	254	Tahitian Pearl	94	Bowle	223
Scarlett O'Hara	161	Tee mit Rum	237	Whisky Sour	115
Schlummeertrunk	281	Tequila Sunrise	179	Whisky-Crusta	122
Scottish Blood	116	Tom Collins	63	White Cloud	141
Screwdriver	130	Tomaten-Bowle	225	White Lady	64
Sex on the Beach	131	Trinidad	158	White Russian	133
Shaking Helen	283	Tropic Fruit	262		
Sherry Cocktail	152	Tropical	165	Xuxu Margarita	148
Sidecar	45	Tropical Citrus	270		
Silvesterpunsch	218	Tropical Hit	278	Zitrus-Bowle	207
Singapore Sling	62			Zombie	93
Smith & Wesson	178	Ulysses	149		